养积
育极

不焦虑、不愤怒、
不沮丧的安心教养术

[美] 杰弗里·伯恩斯坦（Jeffrey Bernstein） 著

赵菁 译

Liking the Child You Love
Build a Better Relationship with Your Kids —
Even When They're Driving You Crazy

机械工业出版社
China Machine Press

图书在版编目（CIP）数据

积极养育：不焦虑、不愤怒、不沮丧的安心教养术/（美）杰弗里·伯恩斯坦（Jeffrey Bernstein）著；赵菁译 . —北京：机械工业出版社，2018.6（2022.6 重印）

书名原文：Liking the Child You Love: Build a Better Relationship with Your Kids—Even When They're Driving You Crazy

ISBN 978-7-111-59995-1

I. 积… II. ① 杰… ② 赵… III. 家庭教育 IV. G78

中国版本图书馆 CIP 数据核字（2018）第 093372 号

北京市版权局著作权合同登记　图字：01-2018-0571 号。

Jeffrey Bernstein. Liking the Child You Love: Build a Better Relationship with Your Kids—Even When They're Driving You Crazy.

Copyright © 2009 by Jeffrey Bernstein.

Simplified Chinese Translation Copyright © 2018 by China Machine Press.

Simplified Chinese translation rights arranged with Perseus Books, LLC through Bardon-Chinese Media Agency. This edition is authorized for sale in the Chinese mainland (excluding Hong Kong SAR, Macao SAR and Taiwan).

No part of this book may be reproduced or transmitted in any form or by any means, electronic or mechanical, including photocopying, recording or any information storage and retrieval system, without permission, in writing, from the publisher.

All rights reserved.

本书中文简体字版由 Perseus Books, LLC 通过 Bardon-Chinese Media Agency 授权机械工业出版社在中国大陆地区（不包括香港、澳门特别行政区及台湾地区独家出版发行。未经出版者书面许可，不得以任何方式抄袭、复制或节录本书中的任何部分。

积极养育：不焦虑、不愤怒、不沮丧的安心教养术

出版发行：机械工业出版社（北京市西城区百万庄大街 22 号		邮政编码：100037）	
责任编辑：朱婧琬		责任校对：李秋荣	
印　　刷：固安县铭成印刷有限公司		版　　次：2022 年 6 月第 1 版第 2 次印刷	
开　　本：165mm×205mm　1/20		印　　张：12$\frac{6}{10}$	
书　　号：ISBN 978-7-111-59995-1		定　　价：49.00 元	

凡购本书，如有缺页、倒页、脱页，由本社发行部调换
客服热线：（010）68995261　88361066　　　投稿热线：（010）88379007
购书热线：（010）68326294　88379649　68995259　　读者信箱：hzjg@hzbook.com

版权所有·侵权必究
封底无防伪标均为盗版

Preface
前言

有这些可怕的想法，
我还是一个好妈妈（爸爸）吗

没有什么比你作为家长对孩子的看法更能影响他了。为人父母，我们总是尽最大的努力来喜欢自己最爱的孩子。我所说的喜欢，是指全面肯定孩子的想法、反应、态度和价值观。当孩子的表现让我们感到满意时，我们心中充满了温暖和喜悦。然而，当我们讨厌孩子的态度和行为时，这种温暖和喜悦的感觉就会消失殆尽，我们会觉得一切都不对劲。尽管绝大部分家长都爱自己的孩子，但当他们发现有时候很讨厌自己的孩子时，他们会觉得很不安。

为人父母真的不容易。我记得几年前，在清理自己的房间这件事上，我的孩子们让我相当头疼。我当时最直接的感觉是，他们没有按照我说的（事实上，应该是我要求的）

去做，这是对我的不尊重。说实话，我当时很恼火。但是我没有立即发火，因为我自诩是那种"好爸爸"和心理调适能力很强的心理学家，我的应对措施就是——打电话给我母亲，然后向她抱怨。

作为好几本育儿书籍的作者，你可能以为我对付自己的孩子很有一手，对不对？但那天还真不是。好吧，我得承认，跟你们一样，我也经常对自己的孩子束手无策。尽管我很爱他们，但我也时不时地被他们气得冒烟。作为家长从来都是，也将一直是我做的最有挑战性的工作。这是名副其实的"爱的负担"。

当时我跟我的母亲抱怨了些什么呢？没准你也说过这些话。

"我为他们做什么他们都觉得是理所当然的。"

"我把他们给惯坏了！"

"他们把我累坏了。"

"好，就让他们这么一直懒下去，总有一天他们会吃苦头的。"

"他们说讨厌我，哼，我还不喜欢他们呢。"

我当然还说了些别的，不过你们大致也能猜到是些什么内容。那天，母亲一直耐心地听我抱怨，然后帮我慢慢平静下来。后来我仔细回想了母亲安抚我的声调和话语，突然茅塞顿开：尽管我们都知道自己很不高兴，但是我们并没有意识到想法对左右情绪起了多大的作用。**不管是从好的方面还是从不好的方面来说，大部分家长忽视了他们对孩子的看法在多大程度上影响了他们对孩子的感觉和反应。**

看到这里你也许会说："杰夫[一]博士，你不是在开玩笑吧！作为心理学家，你居然现在才知道这一点。"我的回答是，有时候最显而易见、最简单的真理

　㊀　杰夫为杰弗里的昵称。——译者注

却是最不容易发现的。直到那天我才突然发现自己的那些想法是多么强大，又是多么有影响力。我可以清晰地看到我如何因情绪而毁掉了自己准确理解孩子需求的能力。

20年中，有超过2000名家长和孩子来找我咨询或参加我的工作坊，我一次又一次见到家长沉浸在负面情绪中不可自拔。现代社会生活节奏日益加快，人们面临的压力也越来越大，这个问题越来越严重。我越思考这个问题，就越发现这个问题影响之广、之深远。

拿达娜来说，她来到我诊所的时候可以说是暴跳如雷，从她身上我看到了很多家长都有过的苦恼。"杰夫博士，说起来我很内疚，可是这么多天来，我真的觉得我很讨厌我家那个臭丫头。她已经11岁了，却蛮不讲理，还举止粗鲁。我不明白为什么会变成现在这样。"达娜的眼里满是泪水。

我的另一位客户叫朱利安，他有三个十几岁的孩子，还有一个刚刚出生的孩子。他的话比达娜幽默，但两人的烦恼如出一辙。他告诉我："杰夫，现在我能理解为什么有时候动物会吃掉它们的幼崽了。"

作为父母，我们希望自己的孩子被爱护、被理解、被接受、被欣赏。为了达到这个目标，我们从情感上、精神上、身体上、物质上以及其他一切方面尽自己的所能为他们付出。然而，很多家长发现，他们为孩子倾尽一切的时候，心里却充满了抱怨和苦恼。这并不难理解，一旦孩子的行为让父母受到挑战，疲于应付，甚至让父母有被违逆感的时候，父母当然会觉得失望和痛苦。这些想法非常普遍，也很正常。**但是有意识地控制自己的负面想法，能够减轻孩子的叛逆行为，并且让你们之间的关系更加和谐快乐。**

如果你正在阅读本书，我猜你也和这些家长陷于同样的困境中，至少有时候是这样。也许你会希望自己手中有根魔法棒，只要对着自己的孩子挥舞魔法棒，他们就会变得非常听话！但现实是，当好父母是一件很不容易的事。

但是不要灰心，很多家长都和你一样。事实上，如果知道这些家长的数量有多么庞大，你肯定会大吃一惊。世界各地，无论是结了婚的、离了再结的、单身的、寡居的、年轻的还是年长的，在这一刻，他们都为这同一件事苦恼。无论是去超市买东西、去游乐园玩，甚至是悄悄地在餐馆里听家长们聊天，你都会发现有大批家长抱怨自己的孩子。他们要么牢骚满腹，要么筋疲力尽，总之都患上了我将在第1章详细描述的躁郁父母综合征。

为什么当好父母不容易

孩子还小的时候，我们就在幻想他们的未来。我们总是为他们寻找最好的机会，希望他们长大以后也能够为自己寻求最好的机会。然而讽刺的是，作为家长，我们遇到的最大挑战却是担心孩子不会感到快乐和满足。

养育孩子的同时，我们也提高了对他们的期望，总希望他们能够超越我们。当我们垂垂老矣走到生命尽头的时候，我们希望孩子的成功能够证明我们没有辜负父母这个身份。绝大多数孩子都知道，父母希望能给他们最好的条件。同时，如果孩子犯了错误或者感到沮丧，父母也会感到难过。这就让父母更为焦虑。

正是这种焦虑让我们的头脑中充满了负面想法。为孩子担心的时候，我们总会产生既负面又夸张的想法，因为我们总是往最坏的方面想，这就让我们产生了更多的负面想法，产生更多焦虑，夹杂着愤怒、悲伤、沮丧和泄气。有些父母会默默地吞下这些情绪，有些父母则会在孩子面前以过度激烈的反应来释放这些情绪，还有些父母会感到深深的内疚。我得说实话，几乎每个来我办公室的孩子都向我抱怨过父母隐而不发的焦虑情绪或者是失控咆哮。

父母也会发誓保持"冷静"，对孩子更宽容、更耐心。然而，一旦他们被那些负面情绪控制，就会故态复萌，表现出躁郁父母综合征的种种症状。如果不改变自己的想法，你们只会重蹈覆辙。

父母的想法会影响孩子对现实世界的感知

当孩子出现语言或身体上的失控、焦虑，或者出现抑郁、涉嫌违法、吸食或贩卖毒品，以及与同龄人或家人相处不好等诸如此类问题的时候，父母通常会来寻求我的帮助。而当我与这些孩子及他们的父母见面时，这些父母表现出来的焦虑情绪非常严重。

我非常愿意和这些遇到困难的孩子一起努力，因为帮助他们掌握如何更有效地对付生活中遇到的困难，会带给我极大的满足感。和孩子一起努力就意味着也需要和他们的父母打交道，然而这些父母在这种时候往往非常焦虑或者易怒。我作为临床心理学家的时间越长，就越能发现父母对孩子的生活有巨大的影响。如果家长能和我一起努力，我们就能够使孩子应对挑战的方式变得更加积极和健康。

尽管我有丰富的经验，并且愿意提供帮助，但在帮助家长看清他们在关于孩子的问题中所扮演的角色时，我还是会特别小心。我不愿意让他们觉得我是在指责他们造成了孩子的问题。与此同时，认清自己的思维方式如何在一定程度上导致你与孩子之间出现的问题也对家长很有启发。简单地说就是，你对孩子的看法影响了你对孩子的喜爱以及孩子对你的喜爱。你的看法也影响了孩子如何应对自己遇到的问题，因为我们都听说过家长的信任如何有力地激励孩子成长的故事。

你的想法决定一切

因为本书中所举的例子大多以家长为中心，所以看起来似乎我认为家长该为孩子的行为负过多责任。然而，如果你能暂时把孩子的行为放在一边，将注意力放在如何改变自己的认知和行为上，则会对孩子的行为产生非常积极的影响。

在本书中你将发现，是你——而不是你的孩子导致了你的躁郁父母综合征。是你对孩子做的事（或者没做的事）的看法让你抓狂。一旦学会了控制自己的想法，你就能控制自己的行为和反应。最重要的是，你和孩子之间将形成更亲密、更能相互理解的关系。

我的第一本书《为什么你不懂我的心》（Why Can't You Read My Mind）针对的是伴侣关系中负面想法带来的问题。从那以后，我写了两本关于育儿的书：《叛逆不是孩子的错》[⊖]（10 Days to a Less Defiant Child）和《10天培养一个更专注的孩子》（10 Days to a Less Distracted Child）。世界各地的读者寄来雪片般的信件和电子邮件表达对这些书的喜爱，对此我深表感谢。同时，我感到一种迫切的需要，我要深入所有育儿书籍都未曾涉及的领域：焦虑、沮丧的父母头脑中的黑暗想法。

家长对自己的孩子充满负面想法是一个重要却未得到研究和认识的问题。

⊖ 本书已由机械工业出版社出版。

但是它又亟待解决，否则会使家长产生负面的情绪和行为。这些负面想法会对家庭的欢乐和睦产生巨大影响。本书将帮助你克服这些负面想法，使你在养育孩子时保持清醒的头脑。我已经将我在临床实践中提供给客户的技巧全部放在了本书中。

当家长第一次带着孩子来见我的时候，我鼓励他们表扬孩子的优点，而且是当着孩子的面。他们深爱着自己的孩子，但有时候又讨厌得不得了。这些家长都受到了躁郁父母综合征的困扰，他们的孩子也不能幸免。想着这些孩子都有不少优点，所以从第一天开始我就充满了希望和积极的能量。我也向这些父母展示了意识的力量有多么强大。一旦他们觉得可以向我倾诉苦恼，他们就会看到，这些潜在的负面想法如果不及时清除，将吞噬掉积极的能量和他们与孩子之间的联结。

不论你的孩子是偶尔还是一贯叛逆，书中提供的工具都对你、你的孩子和你们之间的关系有很大的帮助。当你逐渐控制住自己的负面想法，对孩子的反应不会过激，他就会越来越听话，想法和行为也不再叛逆。你将看到，负面想法都是僵化、不公平、扭曲的信念，例如"他干什么都不认真"。尽管你也许觉得问题都出在孩子身上，需要改变的根本不是你，但也请你保持开放的头脑。你的负面想法清除得越多，就能越认真地从本书里汲取经验，你的孩子就会表现得越好。

我的既往模式

我也曾经是个遇事反应过度、焦躁不安的父亲。清除头脑中的负面想法有效地治愈了我的躁郁父母综合征，而且效果非常好。当然这并不意味着我从此不用控制自己的想法了。但是一旦我学会了怎么控制，就能达到事半功倍的效果。不仅如此，摆脱那些负面想法也帮助我更好地理解了自己的孩子，这要在以前，我可是想都不敢想。

多年来我一直想理解我自己和我的孩子们，在这方面付出的努力比其他任何方面都要多。我理解他们更多，就能够从他们那里获得更多快乐，他们也能从我这里获得更多快乐。我给自己最棒的礼物就是变得更加有耐性、更包容，对孩子的不良行为更能保持冷静。我学会了如何用更积极的眼光看待问题。我再也不会让负面想法扭曲自己的头脑，破坏我与孩子友好相处、良好沟通的能力。我非常激动地发现，我学会了如何欣赏我深爱着的孩子们。

如何使用本书

第1章～第3章是打基础的章节，让我们了解什么是负面想法，以及如何保持对这些想法的觉知。第4章～第7章介绍更多与身心放松、保持觉知力和换位思考有关的策略和技巧。你将学会如何消除那些逐渐形成的负面想法以及瞬间爆发的负面情绪。你将学会如何克服困扰了无数家庭的九大负面思维模式。

1. "总是或者从不"的思维模式
2. 贴标签
3. 尖刻的嘲讽
4. 隐隐的怀疑
5. 危险的否认
6. 情绪过激

7. 严厉指责

8. "应该"思维模式

9. 悲观预言

剩下的章节提供了家长如何管束孩子、利用积极肯定的表扬巩固教育效果、更好享受生活的知识和策略。我强烈建议你从一开始就用写日记的方式将自己的想法和感觉记录下来。随着你将头脑中的想法记录下来，一步步采取本书中提供的策略解决遇到的问题，你的生活将会发生更加积极、更加成功的改变。章节中提供了练习和空白处供你写下自己的想法和反思。你可以在日记中轻松地复制这些格式，并加入自己在看书过程中产生的反思和想法。当然，你也可以用任何自己喜欢的形式记录想法和感觉。

我很高兴你能学会清除自己的负面想法。那些在与孩子相处过程中遵循了这个原则的客户都告诉我，一旦从负面想法的束缚中解放出来，他们的所有关系都得到了改善。他们发现，他们不仅与孩子相处得更好，与伴侣、同事、朋友及家人的关系也有了很大改善（想获知更多详情，请参阅《为什么你不懂我的心》一书）。为什么？因为充满负面想法的人不仅在亲子关系中会出现问题，其他关系也不会很好。

我知道，如果你一门心思地想当个不合格的父母，你肯定不会阅读本书。所以请抓住这个能重新帮你找回快乐以及与孩子良好沟通的机会。毫不夸张地说，利用本书中提供的信息和技巧，我已经帮助逾2000位父母和孩子获得了更和谐、更幸福的家庭关系。

是的，现在你对自己所爱的孩子可以不再充满怨恨了，这在以前似乎是不可想象的。你不用等孩子到了25岁或者35岁才与他达成和解，让他理解你为他做出的付出和牺牲。相信我，只要你能摆脱那些负面想法，你们的关系就会越来越好，他也会对你有更好的态度。

你再也不会因为控制不了自己的情绪而大发雷霆。你将学会了解自己的负面情绪，并学会如何避免它们控制你。更重要的是，你将学会如何喜欢你爱的孩子。

Author's Note
作者的话

  本书写作的初衷是教育，并非专业咨询与帮助的替代品。请记住，对任何精神状况（包括本书中提及的所有情况）的专业诊断和治疗都应该由合格的医疗专业人士来进行。尽管我在本书中分享了一些在进行心理治疗时接触的个案，但为了保护客户的隐私，所有人名和相关信息都已被替换。

  我在书中分享的策略适用于所有年龄层（0～18岁甚至更大）的孩子的家长。但为了方便起见，在书中我一直使用的是孩子这个词，而不是幼儿、少年或者青年。

Contents
目录

前言
作者的话

第 1 章
为什么爱孩子容易,喜欢孩子难　　1

第 2 章
陷入负面想法中不可自拔　　26

第 3 章
识别九大负面思维模式　　49

第 4 章
化解亲子关系中的压力　　77

第 5 章
提高觉知力　　102

第 6 章
清除逐渐形成的负面想法 | 129

第 7 章
清除突然爆发的负面想法 | 156

第 8 章
金科玉律：减少惩罚，将对抗变为合作 | 171

第 9 章
保持积极能量的流动 | 195

第 10 章
将喜欢进行下去 | 220

附录 A
九大负面思维模式 | 230

附录 B
负面想法记录表 | 233

致谢 | 235

第 1 章

为什么爱孩子容易,喜欢孩子难

liking the Child You Love

为人父母能给我们带来无尽快乐，但也可能令我们感到沮丧或者抓狂。被孩子惹毛的感觉，我曾经深深体会过。你甚至会觉得已经无计可施。不过不要绝望，你会在下文中获得一些帮助。

来听听苏珊的故事。她是一个11岁男孩的母亲，走进我办公室的时候，她已经濒临崩溃。明显已经筋疲力尽的她，正受着躁郁父母综合征的折磨。她几乎是哀号着告诉我："杰夫，汤米简直是没完没了地惹我。我真的受不了了。"接着她又说道："今天，他又不停地闹腾。我要是冲他发火，他就管我叫'坏妈妈'。最让我烦躁的是，他总是欺负他弟弟。"她接下来的抱怨我已经从其他家长那里听过无数遍了："我为他付出了那么多，他居然对我大呼小叫。我小时候要是敢对父母这个样子，早就被打得找不着北了。你知道我是怎么想的吗？他就是个没良心的小东西，根本不知道自己多幸福！"

苏珊的抱怨最后以几句大狠话告终："杰夫，有时候我实在受够了汤米，恨不得他立马消失。我知道这样说自己的孩子不太好，但是他真的快把我逼疯了！我发誓他真的已经把我逼得走投无路了。我再也不会喜欢这个孩子了。我这么想是不是已经疯了？"

我安抚苏珊，告诉她这是很正常的。我帮她一一厘清对汤米的负面情绪，让她学会控制自己的反应。最重要的是，你（作为本书的读者）和苏珊都将知道,你们有能力不让自己的负面情绪影响对孩子的理解,找到他们是哪儿出了问题。她还发现了一种方法,让她在汤米再次犯错的时候不会暴跳如雷。对苏珊来说,这是一个解放性的突破。而本书的读者也将和苏珊一样,学会怎样成为一个更称职的母亲或者父亲。

尽管涉猎甚广,但迄今为止我还没在哪本医学或者心理学教科书里看到过"躁郁父母综合征"这个术语。但是它真实描述了数百万父母每天所面临的困境。当一个母亲或者父亲感觉自己为养育孩子做出的努力付诸东流,孩子的态度和行为让他们怒不可遏或者灰心不已时,他们就会患上躁郁父母综合征。受到这个综合征折磨的父母会出现如下任何一种或者多种症状:

- 轻度或者重度挫败感;
- 如果孩子犯了错误,对父母缺乏感激,即使在孩子痛苦挣扎的时候,父母也只会感到怨恨;
- 感到伤心甚至抑郁;
- 对于孩子的未来感到悲观;
- 想要逃离家庭带来的压力;
- 对自身的价值感到怀疑;
- 觉得自己孩子所遭受的痛苦远甚于那些来自大家庭的孩子或者朋友的孩子,并为此感到自卑;
- 不明白为什么自己的孩子表现得不可理喻;
- 认为自己的家庭生活没有自己希望的那么好,并为此感到沮丧和内疚。

现在我要告诉你们一个好消息，我有足够的信心相信，通过认真实践本书中提供的方法，即使不能够完全治愈，你的躁郁父母综合征也能得到缓解。

现在让我来看看你的躁郁父母综合征有多严重。如果你有过下列一个或者几个表现，那么你就已经有了某种程度的躁郁父母综合征。

你的躁郁父母综合征有多严重

如果你快被孩子逼疯了，清楚知道自己当时的感受会对你有一些帮助。大部分抓狂的父母都曾有过下面一些感受。看看哪些是你曾经有过的，可以在横线上画个勾。

你的孩子特别难管，把你和家里人累得够呛，对此你很生气。 _____

生活中面临的各种各样的难题让你近乎绝望。 _____

你觉得什么也帮不了你。 _____

你不理解为什么孩子跟其他人在一起的时候比跟你在一起的时候表现好。 _____

你觉得特别累。 _____

你不明白为什么孩子会有这样的表现，尤其是你已经很努力想当一个好妈妈（爸爸）。 _____

你觉得被孩子操控了。 _____

你觉得作为一个母（父）亲你彻底地失败了。 _____

这个关于躁郁父母综合征的清单很有代表性，当然也并没有囊括家长们的所有感受。如果能够清楚地感知并控制自己头脑里的想法，抓狂的家长们就会觉得好受多了。这是因为如果不能首先控制自己的想法，要控制孩子和自己的感受，或者控制生活中其他东西是非常难的。

阅读本书之后，你将学会如何控制自己的想法，并且目睹自己和孩子的关系发生重大的转变。你不会再觉得筋疲力尽，也将避免无谓的痛苦挣扎。

某天我在写作本章的时候，也受到了躁郁父母综合征的严重困扰。当时我的三个孩子正忙着装饰为圣诞节准备的姜饼，不用说你也能猜到，厨房里肯定是一团糟。要是多年前，我肯定会为此大发雷霆，现在我发现自己充满了自豪。毕竟孩子们玩得很开心，尽管厨房里简直就像是事故现场。"这都不是事。看，我是一个多棒的爸爸。"我心里暗自想。

就在我扫视厨房，思忖要打扫哪些战场的时候，我发现一大瓶巧克力酱倒在料理台上，地上也都是巧克力酱。霎时间，我感到自己的血压噌噌往上升。我听见自己强压怒火说道："我觉得自己已经气得快爆炸了，怎么可能还保持对你们的爱呢？"我儿子立刻嘲弄我："爸爸，这不就是你写这本书的原因吗？就是怎么在孩子闯祸的时候还喜欢自己的孩子。"

我儿子是对的。我写本书的目的正是帮助像你们这样的家长。本书能让你并不因为表达了对孩子的负面想法和情绪而感到内疚。是的，你尽可以放心。现在，深吸一口气，继续往下读。

我能够体会你时不时会有的孤独感。你常常在想："为什么其他家长很少真正谈到对孩子的负面想法和烦躁的情绪？"你可能甚至会问："是不是因为他们的孩子都很乖，只是我的孩子最不听话？"让我来告诉你，情况绝对不是这样的。几乎所有父母都和你有同样的想法，我会帮助你找到是什么导致了你情绪上的折磨。一个更好的消息是，我会告诉你应该怎么做。你要做的就是坚持看完本书，很快你就能找到出路。

为人父母不容易，而你却无法放弃

养育孩子并不容易，这谁都知道。在当今这个充满焦虑、充满竞争的社会，单单只是照顾一个孩子，将他抚养长大，已经让人觉得困难重重了。接下来我要说的话也许并不多深刻，但我还是要指出来：一旦有了孩子，你就不可能全身而退了。刚有孩子的时候，绝大部分父母都对未来充满了希望和喜悦。的确，孩子能为你带来很多欢乐。然而，当你与孩子之间出现了问题和冲突时，残酷的现实也会让你大吃一惊。除此以外，你还要应付工作、婚姻等带来的挑战，结果就是你患上了躁郁父母综合征。你知道自己是爱孩子的，但显然与孩子相处并不是什么很愉快的经历。

现在来看看一位客户转发给我的一个关于"工作职位说明"的有趣小册子。

招聘

岗位：
妈妈，妈咪，娘，爸爸，爸比，爹

职位描述：

能够长期在混乱环境下工作，工作内容极具挑战性，且永不能辞职。应聘者必须拥有极为出色的沟通和组织技能，愿意在工作时长不固定的情况下上班，工作时间包括晚上和周末，能做到24小时随传随到。

需要不定期出差并且在外过夜，差旅费无法报销。

需要提供长时间的陪伴服务。

职责：

付出一辈子的时间。

必须愿意被人讨厌，至少是临时性的，直到某人需要5块钱的时候。

必须愿意时不时地保持沉默。

必须有当牛做马的体力。

必须会识别不同的来电者，做时间表，协调完成多项家庭作业。

必须有能力为不同年龄段和精神状态的客户策划和组织各种社交活动。

必须愿意承担不同角色，可以上一秒还是不可或缺，到下一秒就赶快消失。

必须时时刻刻抱最好的希望，做最坏的打算。

必须为成品的质量负有最终、完全不可推卸的责任。

还需有能力对工作环境进行维护，例如保养地板和打扫卫生。

这份对父母工作职责的说明实在太有趣了。希望你也是这么觉得。事实是，如果我们作为家长越能有这样的幽默感，就越能更好地面对这份工作带来的压力。不开玩笑，这的确是一份工作！

话又说回来，当父母最需要幽默感和其他能量的时候，却又是最缺乏它们的时候。不少父母在这种时刻总是充满负能量。不幸的是，这种负能量又总是通过我们的嘴巴宣泄出去。

消除烦恼不容易

既然你在阅读本书，那么我猜你正受到躁郁父母综合征的折磨。我可以告诉你，如果你不喜欢自己孩子的某些态度和行为，这是非常正常的。或者比如说，你"无法忍受"那些行为，这都是正常的，只要你能够正确处理自己的想法和情绪。实际上，当你充满了各种负面情绪时，正是对孩子的爱让你觉得更加痛苦。即使你现在无法喜欢自己的孩子，只要你能够就自己的负面情绪做些有益的调整，你对孩子的讨厌是完全正常的。

我发现，帮助你们找到并克服在育儿方面遇到的困难让我很有成就感。直面自己在为人父母方面遇到的挑战和陷阱，是生活中最令我觉得满意的经历。我很高兴你们愿意让我引领你们走出困境。

我知道，探索自己遇到的痛苦会让人觉得不舒服。它需要你走出自己的舒适地带，你们的自我意识会感觉到威胁，因而感到害怕。是的，挑战自己的负面想法和情绪会让你觉得既陌生又不愉快。然而我也可以非常肯定地告诉你，更好地理解自己对孩子的负面情绪，并对此做出积极的处理，你所得到的回报是不可估量的。

我向你保证，探索自己在做家长的过程中产生的阴暗思想是安全的。我也会赋予你能量来处理那些负面情绪。家长们也许会在足球场边、超市里、聚会中或者其他社交场合中以开玩笑的方式抱怨孩子的行为给自己带来的困扰，然而这些打趣式的"我家孩子快把我逼疯了"只是轻描淡写地描述了家长们遇到的苦恼。你知道孩子有时候能让你有多痛苦。我的目的就是帮助你理解这些情绪上的痛苦。这对你来说非常重要，因为这既能让你保持理智，也帮助你理解了自己的孩子。

你的意识是罪魁祸首

本书中最令人激动的一个观点就是，你的意识创造出来的负面情绪远大于你孩子的实际行为造成的负面影响。是的，你对自己孩子的评价才是罪魁祸首。知名作家阿娜伊斯·宁（Anaïs Nin）曾经说过："我们看不到事物的本来面目，我们看到的只是自己想象出来的样子。"

我在前面曾经提到过，家长中普遍存在着一种焦虑感，因为我们要对孩子的安全和幸福负责。我们希望孩子能"出人头地"，这也激发了我们的焦虑和担心。当我们觉得孩子没有做到他们需要做到的事情或者做出错误选择的时候，负面想法就产生了。你将在本书中看到，除了我们的焦虑，我们对自己的孩子以及我们作为父母这个角色的看法也将催生出负面想法。

你对自己的孩子有消极的看法，甚至也许是偏见吗？我不太确定你的答案会是什么，但我感觉，如果扪心自问，你会给出肯定的答案。我非常确信，你的这些消极看法和情绪会抵消你付出的努力，并且削弱你与孩子在情感上的联系。

想一想吧，偏见意味着"提前下判断"，也就是在了解（或者让自己了解）事实或者孩子所面临的处境之前就对孩子下了判断。我们每个人成长的过程中都会慢慢吸收一些如何养育孩子的观念，在这个过程中，你会自觉或不自觉地接受一些偏见或者成见。有些育儿观念甚至已经有几百年或者几千年的历史了。

例如，我们都听过"棍棒底下出孝子"。这句俗语认为孩子做了错事就必须受到肉体或者口头上的惩罚，这样才能让他们学好。接受这种观念的家长会对孩子有不近人情的要求，并且遇事常会反应过度。在教育领域工作的大部分人都会抵制以体罚作为管教手段。即便如此，不提体罚，即使是这种"家长应该掌控孩子"的观念也会影响你与孩子之间的良好互动和关系。

另一个负面的观点是"孩子的话不用听"。这个观点认为孩子的想法并不重要或者不可信。尽管这样瞧不起孩子的人很少，但这种观念或者至少这种观念的其他表达形式流毒甚广。

关于孩子还有另一种负面观念"年轻的这一代都被惯坏了，衣来伸手，饭来张口"，有些人认为这种观念最近才出现，其实不然。来听听下面这段话，是不是很熟悉？"这些孩子就喜欢买贵的东西；他们一点儿礼貌都没有，还蔑视权威；不尊老爱幼，锻炼的时候就喜欢聊天。这些孩子现在是家里的皇帝，一点儿家务活也不干。有老人进屋子他们也不会站起来表示尊敬，他们和父母顶嘴，聊起天来毫无顾忌，在餐桌上不注重礼仪，坐的时候永远跷二郎腿，连老师都敢欺负。"如果我告诉你，这是苏格拉底在2000年前说过的话，你是不是会大吃一惊？我们简直是穿越到了那个年代，对不对？

大部分父母都努力摆脱这些偏见，以正面积极的眼光看待他们的孩子。一般来说，在孩子学会说话之前做到这一点可要容易多了。这些观点还表达出一种潜在的意识，即孩子的地位要低于家长。难道我们的孩子不配像成人一样拥有被理解的权利吗？

顺便提一下，过度美化孩子和家庭生活也是有问题的。有些家长对自己期望过高，总希望一切是完美的。我们都曾收到过这样的圣诞节贺卡，卡上是笑容满面的家长出席孩子的足球赛、学校活动、毕业典礼和婚礼，然而现实却是，家庭生活中也充满了起起伏伏，欢笑和泪水。

请不要把我当成一个愤世嫉俗的人。我只是害怕有些家长对于可能遇到的困难准备不足。让我们仔细来看看你的观念如何能帮助你应对家庭生活中出现的各种困境。

家长也会受到原生家庭的影响

一天，在某个商场的停车场里，我不小心听见一个爸爸对自己的女儿大吼："我跟你说过多少次了！"接下来就是小姑娘委屈的哭声。我暗暗心想："他是从哪儿学到这种大喊大叫的口气的？没准是他的父母。"

我已经见过无数父母对着自己的孩子大喊大叫，言辞激烈。我自己过去也为此感到深深内疚，并一直警惕不要对孩子们这种态度。尽管有时候

也许不乏事实,但这些话会让孩子感到很痛苦,其中就有:

"你就不能自己想想吗?"

"你太懒了。"

"你有动过脑子想过任何事情吗?"

"为什么你就不能像_____(你姐姐、你哥哥、你表兄弟姐妹、朋友)一样?"

"都是你的错。"

"你就是个忘恩负义的人。"

"你从来不听我的话。"

"早就跟你说过不要这样,现在吃苦头了吧!"

我估计你明白我要说什么了。你很快就会读到,这些负面的语言来自负面的想法。很多时候,这种负面的思维方式是一代传一代。而听到这些话的孩子却不知道为什么爸爸妈妈会说这种话,并且感到很受伤,进而对父母充满怨恨。

每个家长都有自己的育儿理念

我并不是想告诉你应该相信哪些观念,不应该相信哪些观念。但是我希望你能够去注意你与孩子的相处中哪些话有用,哪些话并不起作用。你持有的所有信念和偏见都值得去深究,不妨试着去看看你有哪些与孩子的态度和行为有关的负面观念。

家长们通常会对如何管教和惩罚孩子有很强的主见,尤其是那些被我称为"惩罚饥渴型"父母;一旦孩子犯了错误,他们就会口沫横飞,坚持要以惩罚的形式纠正孩子的行为。在我之前出版的《叛逆不是孩子的错》一书中,有一章名为"纪律约束并非让人绝望",其中我提到,对于不听话的孩子,惩罚只会起反作用,并且让他们变得更加叛逆。这是因为对于叛逆的孩子,平息他们的激动情绪比激发他们的情绪更有用。请注意,我并非反对惩罚孩子,我担心的是,如果以僵化、严厉和过度的方式对孩子进行惩罚,这种挑战他们的方式只会让他们更叛逆。家长与孩子之间的联系越紧密和正向,就越不需要以惩罚的方式规范孩子的行为。如果要对孩子进行有效的惩罚,最好是以一种合作而非对抗的方式进行。我会在第8章对管教和惩罚进行进一步的讨论。

社会和历史进程带来的影响、一个人的原生家庭,以及个人的观点并不是家长育儿理念形成和维持的唯一源头。文化和老一辈的影响,以及媒体传达的观点都对我们育儿理念的形成造成影响。我建议你在阅读本书的过程中能保持开放的心态,时时探察自己有哪些理念,以及这些理念在你养育孩子的过程中是否有用。

高昂的代价

很显然,父母与孩子的关系在孩子成长的过程中有着非常重大的影响。遗憾的是,很多家长并没有正确处理自己关于孩子的负面想法。不知道如何正确对待叛逆孩子的家长通常只会责骂孩子,加深对彼此的伤害,使彼此的长期关系紧张,并且催生出孩子更叛逆的行为,甚而带来悲剧性的后果。

我们都知道，孩子，尤其是叛逆的孩子，通常都会让父母非常头疼。例如，我记得有一个小姑娘向我承认，她想考砸八年级的期末考试，只为让父母"气得吐血"。然而，与父母存在关系问题的孩子在生活中也会遇到问题。在内心深处，他们会觉得受到伤害，渴望与父母有亲密的关系。当然，这种因果关系并非绝对。有些孩子能从其他家庭成员或者老师那里得到支持。或者有的孩子天生就比较坚韧，受到伤害后能很快复原。但总的来说，与父母关系亲密的孩子在生活中有更多的优势。

我在临床心理咨询中碰到过很多成年人，他们有很严重的心理创伤，觉得父母不喜欢甚至不爱自己。最突出的是，不少成年人坚信父母不欣赏、不喜欢自己，并误将这种感觉与不被爱的感觉混为一谈。很多人需要花好多年来治愈这种情感上的创伤。尤为不幸的是，有些人从此失去了感受快乐的能力。所以，父母与子女关系的质量对于我们成长为情感健康的成年人来说至关重要。

令人感到悲哀的是，讨厌孩子的行为或者只是讨厌他这个人的感觉会一直困扰你，除非你能想办法消除这种感觉。拿70岁的爱丽丝做个例子，她很不喜欢自己40岁的女儿。这种感觉和她在40岁的时候很不喜欢10岁的女儿几乎一模一样。两个人都觉得对方不理解自己。在家里，克劳迪娅觉得妈妈一直更喜欢两个姐姐，这一点让爱丽丝很难过。尽管这种母亲与女儿之间的冲突已经存在了很多年，但冲突的内容一直在变化。在咨询过程中，母亲和女儿学会了互相理解，从而更加喜欢对方。

我自己受到躁郁父母综合征折磨的时候，发现了一件让我不再理直气壮的事实，那就是我的负面反应完全来自自己的不成熟，而不是来自孩子的不成熟。当然，我不是一个完美的父亲，我的孩子也不完美。但是现在我完全意识到了，除非我能够真正了解是什么导致了孩子的焦躁情绪，否则我将不知道怎么消除它。而要理解孩子的焦躁情绪，则要理解自己的焦躁情绪。事实是，现在我每天还是得努力成为一个合格的父亲。

我们都会犯错误。我经常告诉自己的客户："只有死人才不会犯错。"作为家长，如果我们能够偶尔处理好与孩子之间的紧张关系，就应该为此感到自豪了。也要允许自己不喜欢孩子做的事情。重要的是，你倒下的时候得能找到支撑自己的力量，做出正确的行为。控制自己的负面思想能让你有更多开心的日子。

一位睿智的同事曾经向我指出，孩子最讨厌的时候，也是我们最应该爱他们的时候。同时我也认为，孩子最讨厌的时候，也是我们最应该理解他们的时候。本章余下的部分将介绍如何理解和喜欢你的孩子。

你对孩子的讨厌藏不住

如果孩子做出了叛逆的行为，你对他们的讨厌根本无法隐藏。作为一名心理学家，我经常看到一些认为自己能够隐藏对孩子厌恶情绪的家长。他们觉得，只要自己认为这些感觉不存在，它们就会消失。然而，孩子们（包括青少年）总是流着泪告诉我，他们总能够觉察到这种负面情绪，并且感到自尊受伤。实际上，孩子们总能觉察到大人的负面想法和情绪，其敏锐程度超乎家长的想象。

讨厌是理解的绊脚石

对孩子的厌恶情绪大大降低了你理解他们的能力，而你能给予孩子最好的礼物就是你的理解。我们应该对这种厌恶情绪予以正视，因为厌恶导致了误解，而误解又导致了更多厌恶。厌恶和误解摧毁了家长与孩子之间的信任，甚至是爱。

我们的底线是：要理解孩子就要喜欢他们。令人觉得讽刺的是，大部分家长觉得，"我现在一点儿都不喜欢你，凭什么还要理解你？"这种逻辑太幼稚了。当孩子让你感到抓狂的时候，你越能有技巧地消除自己的负面情绪，就越不会生气。你不会任由他们把你激怒，然后像个孩子一样怒气冲冲。

不能及时清理自己对孩子负面情绪的家长，将和孩子越来越疏远。我经常在临床治疗中见到这种情形。在这里，我要教给你们一些帮助你更加了解和喜欢孩子的工具。

畅销书《最后一课》(*The Last Lecture*)由一篇非常动人的演讲改编而成，演讲者卡内基·梅隆大学的兰迪·波许（Randy Pausch）教授是一位生命垂危的癌症病人。他引用一位受人尊敬的教授的话说道，通常如果你不喜欢某个人，那是因为你跟他待的时间还不够长。但是，如果我们不喜欢的是自己的孩子，我认为这是因为我们还没有敞开心扉去接受他们本来的样子。很多家长虽然跟孩子相处的时间不短，却并没有和孩子处于同一个频道。深挖你的负面想法的根源，能够帮助你敞开心胸，调入与孩子相同的频率。而令人感到悲哀的是，有太多家庭是尽管家庭成员一起生活，却在情感上没有共鸣，而正是这种情感上的共鸣能帮助你应对生活中的挑战和逆境。

多年以前，我见过一个非常愤怒和纠结的男孩，他的爸爸是那种"非常出色"的男人。他是个成功的律师，还喜欢打猎和钓鱼。而男孩却对时装设计很感兴趣，他的爸爸对此一直不能理解和接受。几年后，这个男孩刚刚走出我的办公大楼，他的爸爸就开始在我办公室里涕泪滂沱，伤心地讲述他如何不喜欢孩子的兴趣，害怕他的儿子是同性恋，从而影响他们两个之间的关系。这个父亲无法理解自己的儿子。幸运的是，他的儿子愿意主动改善两人的关系，最终父子达成了和解。看到他们把自己的看法放在一边，愿意去真正理解对方，让我感到很暖心。

我希望你和你的孩子能进行良好的沟通。但是不管你们的关系出了什么问题，本书将帮助你们更好地理解对方，重新帮助你们建立和加固情感的纽带。

光有爱是不够的

无条件的爱能帮助我们成为更能理解孩子的家长，但光有爱是不够的。很多家长爱他们的孩子，却无法理解他们。那么是什么真正妨碍了你理解自己的孩子呢？是什么导致了你无法欣赏自己的孩子？为什么你跟孩子的关系总是出现起伏？我的答案，你现在可能已经知道了，就是你讨厌孩子的感觉，而不是你对孩子爱的感觉。

喜欢孩子的时候，你想和他们待在一起。你内心平和，对他充满耐心。也许关于喜欢自己孩子最重要的一点是记住通过他的眼睛看世界，而不是你的。你觉得他缠人，也许他只是需要跟你交流。他对你说话不够尊重，让你很是不快，也许他只是在用自己的方式告诉你，他对自己感觉不好。他拒绝做出努力，也许只是因为他的感觉被对失败的恐惧包围了。在本书中你将看到，你越努力阻止负面情绪妨碍你积极地评价孩子，你和孩子就会越来越快乐。很可惜的是，我认为在所有关系中，我们对"喜欢"的重要性的重视远逊于对爱的重视。有时候，这种喜欢甚至比爱还难以维持。回想一下，你也许认识一些离了婚的夫妇，虽然他们对彼此还有爱，却很难喜欢对方。

回到育儿这个话题，请完成以下这个练习。

练习一：你的想法

爱你的孩子对你来说意味着什么？

_____

_____

喜欢你的孩子对你来说意味着什么？

_____

_____

_____

不喜欢你的孩子对你来说意味着什么？

_____

_____

_____

这个练习中哪部分让你有更大的感触？哪部分让你有更大的情绪反应？我猜是关于爱的那一部分。我们都对爱有着憧憬。我们大脑的某个部分似乎设定好了要我们相信，我们应该无条件地爱自己的孩子。大多数家长都是自觉自愿地无条件爱孩子。尽管不是每个家长都能做到，但我相信大部分家长都能够很好地爱自己的孩子。然而很多家长发现，喜欢自己的孩子并不容易。

真的"不应该"吗

请放心，你完全可以做一个很棒又有爱心的父母，同时也可以不喜欢自己孩子的某些性格和习惯。如果你的这些负面想法和情绪能够得到有效控制，你与孩子就能够更好的相互理解，也会有更亲密的关系。然而，有不少家长觉得自己完全不应该有讨厌孩子的情绪。这种想法带来的压力使家长更加沮丧，也带来不必要的负疚感。有些家长则以为完全不需要理会这种讨厌孩子的负面想法和情绪，他们相信无条件的爱就意味着无条件的喜欢。可惜的是，我们的大脑却不是这么运作的。

知名心理学家阿尔伯特·埃利斯（Albert Ellis）曾说过："大部分人总有些虚幻地想当然。他们抓住这些奇怪的想法牢牢不放，把自己的生活弄得一团糟。他们总有些愚蠢的想法，例如'他就应该那么做'，或者'他不应该那么做'，又或者'那件事不应该发生'。可是为什么他应该那么做呢？为什么他不应该那么做呢？为什么那件事不应该发生呢？"

在生活中，或者如果具体地说，就是提到育儿这件事，没有什么放之四海而皆准的规则。光嚷嚷着说"这条马路上不应该有这么多车"或者"做父母不应该这么难"都无济于事。但是，即使这些规则不存在，我们也会被自己人为创造出来的规则弄得很不开心。你可以不喜欢孩子有时候的行为，但是如果觉得他们不应该这么做，只会让你患上严重的躁郁父母综合征！

所以，不要轻易说出"应该"这个词。我告诉我的客户，如果他们能把自己日常谈话中75%的"应该"去掉，那么会感觉轻松得多。直到今天，都没有客户就这一点提出过异议。他们也不应该提出异议！在第3章中我会更深入地讨论"应该"，以及这种负面的思维模式。

父母的讨厌情绪

作为父母，你对孩子如何看待自己有着巨大的影响，不管这种影响是好还是坏。多年的心理学研究和常识都证实了这一点。生下孩子，你的一生就与他有了紧密的联系，你总不能跟孩子离婚，对吧？

很多父母在孩子表现好的时候喜不自胜，而当孩子遇到麻烦或者表现不佳的时候就感到无助、沮丧，甚至充满了怨恨。我听到过家长自豪地对孩子说："我爱你，但这并不表示我喜欢你现在的表现。"然而，这种话给孩子的感觉却是"所以你就是不喜欢我"。当孩子感觉到父母不喜欢他们时，就会疏远父母。

你父母的声音

多年来我有幸在不少听众面前发表过演讲。我会让参与者做下面这个练习，很多家长觉得这个练习让他们有所领悟。这个练习的目标是让你发现你自己的父母喜欢你或者讨厌你的声音。

练习2：你父母的声音

请坐在一个舒服的地方，将灯光调暗。闭上眼睛，倾听自己父母的声音。为了准确感知父母的想法，回忆你小时候的成长环境，包括景物、声音和气味。你也许会想起自己的父母。如果父亲或者母亲照顾你的时间更长，那么就去回忆那个人的声音。静静倾听几分钟，睁开眼睛，将你听到的声音写下来。

_____

_____

_____

我希望这个练习能够唤起你的一些愉快回忆。如果不能，也请放心并非只有你这样。当我在小组中做这个练习的时候，我会看到有的家长笑意盈盈，有的却因想起了父母曾经说过的一些刻薄的话语而泪眼婆娑。再回到自己身上，问问你自己："我希望自己的孩子能够记住我的哪些声音和话语？"不管是好的还是坏的，他们将听到和记住的，都比你知道的要多得多。

你的孩子并非个例

你知道你爱自己的孩子，我也知道，但是你也知道事情并没有这么简单。如果冒出了讨厌孩子的情绪，你会非常沮丧和自责。你会暗想："其他家长是不是比我更会带孩子？"你是不是也曾想过放弃？或者暗忖"也许我真的不是当家长的料，因为当家长不应该这么难？"我敢打赌，这些想法有时候真能把你逼疯。

你的想法最重要

记住，本书针对的是所有感到挫败的家长，并非只是那些有严重躁郁父母综合征的家长。这是因为学会在孩子不可理喻的时候仍然喜欢他们，将使所有家长受益。

尽管我的建议有时候听起来有些轻描淡写，但是它们的重要性毋庸置疑。20多年来，我一直在倾听那些感到沮丧和挫败的孩子和家长们的声音，我也亲眼见到过儿童和青少年被父母的负面想法深深打击，有时候这些打击会导致极端糟糕的情况发生。

孩子的行为与你对他的想法和反应没有直接的联系。你可以摆脱内疚感的束缚，学会如何帮助孩子进步，同时又不会因愤怒而失去理智。但是首先你必须丢掉被动的幻想，也就是认为孩子有一天会自动醒悟并且变好。丢掉那些不切实际的幻想吧。同时不要再默默地拿自己的孩子与邻居或者亲戚家的孩子相比较。我们身处一个充满竞争的世界，并非每个人都要出人头地。大部分儿童和青少年并非故意要让父母的日子不好过。但现实是，生活中遇到的压力会让家长和孩子都疲惫不堪。成绩、同伴和想要取悦父母带来的压力有时候对孩子来说实在难以承受。那谁会被当作出气筒呢？不用猜，肯定是父母。如果你不采取任何行动，这就是让你疲惫不堪的源头。

也许你会啪地放下本书，抗议道："可是杰夫博士，你不理解，我的孩子真的把我给气疯了！"告诉你，你并不是唯一一个被孩子气疯了的父母。下面这份清单列举了十大最令父母抓狂的行为。这个清单也许并不全面，但是我向你保证，每个看到这份清单的父母都深有同感。

杰夫博士总结：十大最令父母抓狂的行为

1. 把房子弄得一团糟
2. 对于家务活和家庭作业的要求选择性"失聪"
3. 没赶上校车
4. 逃避做家庭作业或者忘了交

5. 故意曲解父母的话，把父母也给绕糊涂了
6. 不愿意负责任
7. 对家长不敬
8. 忽视个人卫生
9. 言语粗鲁
10. 对兄弟姐妹不好

现在请在下面的空白处填上没有包括在清单内的、你的孩子特有的行为：

_____

_____

_____

任何父母遇到以上的情形都会抓狂。然而，你其实可以泰然处之。选择权在自己手上。请想一想，为什么同样的压力对家长却会有不同的影响？正如我将在第2章中进一步阐明的，家长总是被诸如"从不""总是""不应该"这样的负面想法和对孩子的各种担心（例如，"他这么懒，将来到了社会上也是一事无成"，或者是"你就这样毁了自己的生活吧，我一点儿都不在乎"）包围着。但好笑的是，你和孩子都知道，你肯定在乎他们。结果，这些想法就会自然而然地让家长感到泄气和疲惫。他们无法再对孩子抱有积极的想法。其实，让你摆脱这些沮丧、愤怒、失望和憎恨情绪的秘密就深藏在你的身体里。不要担心，我会给你摆脱这些负面情绪的工具。

总结

到现在为止，关于喜欢自己所爱的孩子这一点，你已经学习了很多。你已经开启了一段重要且收获甚多的自我发现之旅，这段旅程将帮助你深化和加强与孩子的关系。在继续这段旅程的时候，请时时记住以下这几点：

- 为人父母不易，祈祷这件事变得容易只会适得其反。
- 作为父母，我们都存有一些偏见，而这些偏见导致了我们的不合理期待。
- 当你用负面的态度看待孩子、当你陷入被偏见和愤怒扭曲的思维模式时，你和孩子都会受伤。
- 你越清除自己的负面想法，你和孩子的关系就会越亲近，你们之间的冲突也会越少。

第 2 章

陷入负面想法中不可自拔

Liking the Child You Love

你是否真正思考过在育儿过程中，到底是什么引起了你的不稳定情绪呢？我必须告诉你这个触目惊心的事实：你的情绪起伏和躁郁父母综合征其实并非是由孩子的恶劣行为导致的。先别急着发火，我并不是说你的孩子就是天使。我知道，孩子有时候会把父母惹急了，让你既生气又无可奈何。但是当孩子的恶劣行为像引你发火的鱼饵时，你不一定要吞下这个鱼饵。在本章中，我将告诉你是，谁真正掌管着你的情绪和反应——你自己。

懂事的孩子通常会有能够妥善管理自己的想法和情绪的父母。就是这么个道理：你在自己的头脑中制造的压力和混乱越少，就越能专注在孩子身上。相应地，也会让孩子更能关注到你。

我会告诉你一个更实际、更健康且更有力的思维方式，这种思维方式将帮助你更了解自己的孩子，使你和他的交流更顺畅，并且能够解决实际问题。真正了解孩子、能够与他有效沟通至关重要，这能够帮助你们顺利度过困难时期，建立更健康、更紧密的亲子关系。而要获得这种成功的秘密在于你，也仅在于你。这个秘密帮助了我，也帮助了很多到我的诊所来求助的家长，也将帮助到你。

现在让我们来看看我说的负面想法是什么。

为什么负面想法是个严重的问题

我出版的第一本书《为什么你不懂我的心》帮助伴侣们清除那些破坏亲密关系、毁掉爱意的负面想法。有着负面想法的伴侣们也许会抱怨,"他是个自私的丈夫",或者"她总是坚持自己是对的"。被这些负面想法俘虏的人将失去理解和爱自己伴侣的能力。大部分感到痛苦的伴侣都会害怕失去彼此的爱,但是他们也许会发现,了解负面情绪是如何吞噬掉彼此的同理心对他们来说有用得多,正是这种能设身处地感受对方想法的同理心将各种关系黏合在一起。

不断累积的负面想法会导致关系的破裂甚至是离婚。令人感到悲伤的是,很多成年人在形成新的伴侣关系后会重蹈覆辙,陷入同样的负面思维中。就像一句俗语说的,"你不做出改变,世界就无法改变。"

很多读者都跟我分享了《为什么你不懂我的心》这本书帮了他们多大的忙。听到这些人能够重新与伴侣建立亲密关系,是一件很开心的事。我在自己的心理诊所中已经见过无数对亲密伴侣通过学习控制自己的负面想法来重新找回对彼此的理解,找到更深刻、更持久的爱。

与伴侣们的关系一样,家长和孩子之间也会存在负面思考模式。但在亲子关系中,这种负面想法更难被发现,也更难得到家长的承认。与亲密关系相比,这种负面想法带来的伤害更大,因为它们通常都不被发现或者不被承认。毕竟,有哪个家长愿意真的承认他私下里很讨厌自己孩子时心里想的是什么?

否认事实会带来严重的后果。它会阻止我们去了解如何克服挑战,包括在亲子关系中遇到的挑战。除非将它连根拔起，否则我们就会一再重复这种模式。本章将帮助你打开自己的心扉，将那些黑暗、隐藏着的想法暴露出来，正是这些想法给你和孩子之间的关系造成了压力。

有时候我也是个失败的父亲，也曾有些负面的想法，尤其是当我否认它们的存在或者可以拒绝处理这些情绪时。这就是我为什么强调，一旦你能够好好看清自己的想法，就能够更好地处理与孩子之间的问题。你的自我意识将帮助你成为更好的家长，在生活中的其他方面也能做得更好。

不愿意面对这些负面想法的家长在面对孩子的时候则会产生很多负面情绪，让孩子感到被误解和疏离。这就会形成一个恶性循环：躁郁父母综合征。显然，家长只有处理好了自己的负面想法和情绪，才能回应孩子在情感上的需求。继续读下去，你将学会如何找到自己的负面想法。

负面想法会破坏所有家庭关系

发现亲密关系和亲子关系中的思维模式有相似之处的人不止我一个。我的客户露丝就将自己在婚姻中的负面思维模式与自己的育儿方式联系在了一起。几年前，她和丈夫特里就来找我做过伴侣关系咨询，而她9岁的儿子唐尼也很不听话。一天，激动的露丝恍然大悟地对我说："杰夫博士，我发现我对特里的负面想法又全部出现在了唐尼身上。我简直不敢相信，我居然告诉自己特里和唐尼都是冷血动物！谢天谢地，我现在意识到了，其实都是我自己看问题的角度被扭曲了，简直是醍醐灌顶！正是我自己的想法影响了我，使我无法看到我在丈夫和儿子身上面临的问题。一旦我停止告诉自己他们是坏人，就不会再用负面的思维模式看待他们了。"

露丝清醒过来，不再用负面和挑剔的眼光审视自己的丈夫和儿子，她得到了两人的配合和尊重。你也能取得这样的突破。你将看到，当你放下那些负面想法，你会为所有你爱的人倾尽一切，他们也会以更公平公正的方式看到你的付出。

牵挂一生，无论顺逆

养育孩子和维系婚姻有很大的不同，是因为你无法像离开伴侣那样离开孩子。孩子将是你一生的羁绊。不管这个父母做得有多么痛苦，你终究还是父母。也许有时候父母或者孩子会幻想和别人换一换，但那仅仅是幻想。这种父母和孩子之间的纽带将一直存在，即使是在孩子离开父母之后。我自己就是一个父亲，我能够看到我的"声音"在孩子的一生中如何影响着他们的头脑和心灵。如果你还记得第 1 章的练习 2，你将清楚地看到这一点。

数十年来的心理研究和常识都清楚地显示，高度紧张和破裂的亲子关系会给父母和孩子双方造成巨大的情感伤害。下面来看看你头脑中的想法如何影响了你和孩子之间的关系。

什么是自言自语？它什么时候会变得负面

一旦有了孩子，你对生活的看法将发生深刻的改变。作为父母，你负有巨大的责任,要培养孩子能够自立。你的脑子里充满了各种想法,不仅是关于你的生活,也与孩子的生活有关。

将孩子抚养成人能给你带来不少快乐,但也常常带来不小的挑战,让你感到巨大的压力和愤怒。是什么让家长从欣赏自己的孩子变成被孩子气得暴跳如雷?我可以回答你:是你的负面想法。

负面想法的产生并非一朝一夕之间。为了理解什么是负面想法,以及它如何像肿瘤一样侵蚀掉你和孩子的关系,你得首先了解一下你的脑子里一整天都在想些什么,也就是你的"自言自语"。

什么是自言自语呢?它们是一天下来你的脑子里充塞着的所有想法,你和自己进行的无声对话:例如这样的对话:"我得在20分钟之内分别带莎拉和吉米去参加足球和柔道训练。吉米怎么花了那么长的时间去准备。我已经不知道怎么办了。为什么每次都碰上堵车?我的压力太大了,老天爷太不公平了。"或者"为什么我就不能更好地规划所有的活动呢?"又或者"我真的不知道拿这个孩子怎么办了!"这些都只是自言自语的例子。我们每天都在和自己对话,有时候甚至不小心说出声来。顺便提一下,跟自己对话并不表示你精神不正常,其实所有人每天都像这样跟自己对话。

一旦仔细聆听这些自言自语,你会大吃一惊。你会发现这种自言自语无时无刻不在进行——在车里,在超市排队的时候,盯着电脑屏幕的时候,甚至在你和朋友吃饭的时候。真正令人吃惊的是,我们对它一无所知。

这些自言自语可以和你生活中的任何事情有关,你的孩子、你的狗、你的工作或者你的伴侣。自言自语只是你处理信息的另一种方式。关键点是找到你的自言自语的模式是如何不断重复的,无论与什么主题有关。这就像我们有一个内置在大脑中的复读机。除非我们能有意识地去注意自己在说什么，否则它们就会不断重播，而我们会无意识、无止境地吸收这些内容。

请放心，自言自语是非常正常和健康的，即使它的内容有时候是负面的。我们都有过心情不好或者觉得沮丧的时候，也会有悲观的想法，例如"现在要把一切收拾好太困难了"或者"我怎么什么事都做不好"。尽管这些想法很不愉快，但它们是正常的。

有时候，消极的自言自语也道出了某些事实。也许你真的应该对女儿再耐心一点儿，或者更认真地倾听她的话，也许你减肥之后真的会更好看些。

但积极的自言自语和消极的自言自语之间还是有很大的不同。消极的自言自语使你无法看到事实，并且会脱离你的控制。它们让你无法正确地看待事物。与"我要是更积极主动一点儿，和社区里的其他妈妈们关系更近一点儿就好了"这样的想法不同，负面想法是被扭曲的真相，例如"我跟其他妈妈们都合不来。她们肯定不会接纳我。那我还努力跟她们搞好关系干什么？反正她们都认为我是个怪胎"。

自言自语一览表

触发事件	积极的自言自语（健康且符合事实）	消极的自言自语（偶尔出现，符合事实）	负面的自言自语（常常出现、非黑即白、扭曲事实）
你在孩子的社会实践课上迟到了	"每个人都有迟到的时候。以后早上学校有事的时候我就不安排那么多事了。"	"我太忙了，没注意应该先到学校来。"	"只要开家长会，我就没有一次是准时的。"
你冲孩子大吼大叫	"我也是人；这是在提醒我做什么事之前一定要三思而行。"	"我有时候说话是太大声了，也容易失去控制。"	"我连自己的脾气都控制不好，我给孩子做了一个坏榜样。"

(续)

触发事件	积极的自言自语 （健康且符合事实）	消极的自言自语 （偶尔出现，符合事实）	负面的自言自语 （常常出现、非黑即白、扭曲事实）
你在公司的发表会得到了不好的反馈	"这是个吃一堑长一智的机会。"	"这是因为我没有给自己充分的时间准备。我这次搞砸了。"	"我再也没法升职了，被开除也是活该。"

后果：当你的思维模式变得负面

从上面的表格中你能看到，如果你的消极想法越来越升级，你的生活就会越来越糟糕。当你开始用一种非黑即白、非善即恶的方式解释生活中的一切事物时，会不由自主地内化你的记忆，用这种令人沮丧、不快的方式看待自己和别人。太多消极的自言自语会影响你，让你对自己、对别人（包括你自己的孩子），有时候甚至是对整个世界都感到绝望。这就是自言自语变得负面的时候，也是家长的躁郁父母综合征从轻度变成重度的时候，此时的家长会陷入与孩子痛苦的斗争中。

当你的想法变得越来越悲观，你会被绝望所俘虏，你会相信自己是个失败者，你的孩子是个贪婪的吸血鬼，或者这个世界是一个大大的修罗场。你也许开始告诉自己"我根本管不了自己的孩子""没有哪个家长像我这样痛苦"，或者"对孩子宽容就意味着被他们利用"。

在接下来的几章中，我将告诉你如何消除这种负面想法。冷静下来，找到自己有哪些负面想法，消除这些想法是成为成功父母的重要技巧。不过不要太着急！这可不是简单地说句"那好吧，所以我要做的就是成为一个积极思考的人,然后我的孩子就听话了。"要是真这么简单就好了。当然,积极的思维方式对于我们的生活非常有用,但是你会看到,成为一个成功的家长并不仅仅需要正向的思维方式。

一条路如果驶过的车太多就会磨损严重,幸运的是,我们有修路工养护这些道路,以免对你的车轮造成损害。保有健康的思维方式也需要不断维护。你可以把本书看作一本手册,它能帮助你修补那些负面想法对你造成的伤害,保护你与孩子之间的关系,让你的生命之路更加顺畅。

成功育儿不只需要正向思考

我有一位叫黛比的客户,她一向认为自己是"积极型家长",当然,这都是在她的孩子进入青春期之前的事。她第一次来找我咨询,是在她和丈夫带着两个孩子去滑雪度假回来之后的第二天。黛比向我诉说她是如何一个人坐在度假小屋里,只想远离13岁大的女儿西德尼造成的混乱局面。当时她还一遍又一遍地告诉自己:"我要更积极地看待有关西德尼的一切。"不幸的是,整个度假过程中黛比对自己的心理暗示没有起到作用。尽管她一再深呼吸让自己冷静下来,结果听到西德尼不停地抱怨"妈,这次度假太没劲了"的时候,黛比终于忍不住爆发了。黛比回忆说:"杰夫博士,我就像个疯女人一样,歇斯底里地向她抱怨,她从来没感激过我为她做的任何事情,她一直是个被宠坏了的坏孩子。我想我的思维方式太负面了,是不是?"

就像黛比一样,即使习惯了积极思维的家长也会和不听话的孩子闹别扭。我的办公室里来过很多有积极思维的家长，他们惊奇地发现碰上了自己的孩子，积极思维并不容易。为什么？因为只要是碰上了亲子关系，没有谁能够完全免疫。

关于孩子的负面想法包括"你老是不愿意做作业，你会毁了自己的一辈子"，或者"你总是破坏家里的气氛"，又或者"你说的东西，一个字我都不能相信，每次问你在哪里或者在干什么，你总是不说实话"。如果总是陷入这种思维模式，即使你爱你的孩子，也无法喜欢他。

很显然，这个问题很难解决。大多数家长羞于承认他们对孩子抱有这样的态度。对于那些有多个孩子的家庭，这种内疚感更甚，因为家长发现自己对某一个孩子的负面想法多过其他孩子。这些想法也非常隐秘，大部分人甚至意识不到他们会有这样的想法。

但是不要紧张，我会分享给你一个超级简单的方法，让你开始有意识地去发现自己的负面想法，并且去控制它，而不是被它控制。你将看到，一旦有了这种意识（我把它命名为家长意识），你将学会用既简单易操作又强有力的策略来清除自己的负面想法。当你越来越了解这些负面想法时，你就会清楚，简单地告诉自己"那好吧，所以我要做的就是成为一个积极思考的人，然后我的孩子就听话了"并不能奏效。相信我，如果你这么说，只会像黛比一样被啪啪打脸。事实上，我打赌你肯定已经试过了。你真正要做的应该是抓住这些负面想法，然后将它们清除。如果置之不理，它们会变得更加可怕，也更有杀伤力。记住：你越是抗拒，就越无法消除这些想法。

当我告诉黛比，对于改善她与西德尼之间的关系，她不用费更大的力气，而是要用更加巧妙的方法，她简直是喜出望外。一个人孤孤单单地坐在小屋里，指望自己与女儿的关系会自动变好，只会加深她的挫败感。经过我的辅导，黛比和她的丈夫掌握了一些有力的技巧来让自己更加喜欢孩子，对他们（包括西德尼）感到更加满意。我将与你们分享这些技巧，以及一些我曾经在其他客户那里用过的方法。你们将学习使用这些技巧，但你们需要的是方法，而不是力气。

不切实际的期望只会带来失望

很多家长都是眼泪汪汪、满脸悲伤地走进我的办公室，为了与孩子之间不断激化的矛盾而伤心不已。例如一旦黛比停止抱怨，审视自己对女儿的那些负面想法，她就不再那么心烦意乱。关键是你要花时间了解自己，清楚自己有哪些负面想法，明白是它们夺走了你了解自己孩子的能力。

继续往下读，你将看到一些帮助你提高对孩子满意程度的法宝。当然，你是要做出一些努力，而且喜欢一个不听话的孩子确实需要花费一些力气。所以一定不要抱有不切实际的期望。你越准备好付出时间和精力，效果就会越好。

可惜的是，很多家长都以为当父母应该是件容易的事，或者惩罚孩子是获得孩子尊敬的方式。理想很丰满，现实却很骨感。还记得我在前面曾经说过"应该"这个词很有问题吗？只要有了"应该"这个念头，你就会有刻板的期望，而一旦我们或者我们对之抱有期望的人无法达成期望，我们就会觉得很羞愧。用阿尔伯特·埃利斯博士的话说，请停止用"应该"

来绑架你自己、你的孩子，学会拥有更合理、更切实际的期望。你将在第 7 章中读到，即使用"想要"或者"会考虑"这样的词来代替"应该"都会减少你头脑中的压力。就这么做吧，你会感觉轻松得多。

继续读下去，你将拥有从未想象过的控制自己大脑的力量。我将教给你关键的一课——如何真正理解自己的负面想法。我将展示给你一种非常有效却惊人简单的方法来改变你的思维模式。你将学会在每次负面想法产生时如何有效地进行对治，你简直无法相信你与孩子的关系能如此快速地得到改善。其效果真的很惊人。

让我们先来仔细看看自言自语如何作用于你与你自己的关系。

为什么负面想法如此难以捕捉

我的一位客户名叫夏洛特，她来找我是因为她很不开心，甚至可以说是抑郁。她是一个年轻的妈妈，小的那个孩子刚刚出生就体弱多病，6 岁的大儿子又很不听话。疲于应付的孩子，讨厌的工作，因为怀孕而臃肿的身材，这一切让夏洛特感到绝望。"我的生活一塌糊涂，我就是个失败的大胖子。"我们第一次见面她就这样告诉我。

当我向她解释什么是负面思维，它又会如何影响她改变家庭和个人生活的能力时，她迅速回答："不不，我没有什么负面思维。我的问题是我很抑郁。"尽管夏洛特确实有些抑郁，但她首先需要的是理解那些消极的自言自语如何造成了她的抑郁情绪。为了让她更好地理解这一点，我给了她下面这张表，表上列举了一些负面的自言自语的例子。

负面自言自语的例子

- "如果我失败了，我就是个一无是处的失败者。"
- "我什么事都做不好。"
- "因为我的孩子表现不好，所以我肯定是个差劲的妈妈。"
- "做家长应该很容易，我的朋友们就没费过什么力气。"
- "我做什么事都应该成功。"
- "那些同样为足球队服务的爸爸们都比我做得好。"
- "要成为一个有价值的人，我需要每个人的认可。"
- "我无法忍受那些关心我的人对我的批评。"
- "我什么事都做错。"
- "我把我的生活毁掉了。"
- "那些妈妈们都是假装喜欢我。"
- "如果人们知道我过去的失败，就不会再尊敬我了。"

接下来的这周，我让夏洛特注意自己有哪些负面的自言自语，并拿笔记录下来。到了第二个疗程，她拿着一个笔记本来见我，上面全是随时记录的自己的想法。例如，"因为我大学没毕业，所以一辈子只能干这一份工作了""你现在这么胖，你永远减不了肥了"和"你没跟其他妈妈们一起聊天，所以你根本没法给吉米找到玩伴了"。

看到自己的记录，夏洛特当然非常吃惊。她完全没有意识到自己的思维方式这么消极。"天哪！我一点儿都不知道！这种看待自己和生活的思维方式已经成为我的习惯了，"夏洛特说道，"我甚至都不知道自己是这么想的！"

为什么负面思考者发现做父母压力很大

夏洛特过去一直在做的就是毁掉自己的自尊和自信，把自己的生活弄得无比凄惨。所以她在教育孩子上困难重重也就不足为奇了。由于被这些负面想法左右，所以她不断对孩子的行为反应过度，然后又通过让自己失望和暴饮暴食来惩罚自己。

当父母被自己的负面想法包围时，他们不可能成为称职的父母。这是因为这些负面想法使他们无法理解自己的孩子，无法回应孩子在情感上的需要。尽管爱着自己的孩子，夏洛特却已经完全失去了自信，她害怕孩子像自己一样感到无助。像她这样秉持着负面思维模式、极度不自信的家长有很多，他们的孩子能不感到痛苦吗？

负面思维模式是夏洛特唯一需要解决的问题吗？当然不是。她还有孩子和生活中的其他挑战需要面对。但是她头脑中的负面想法是最大的问题。消除这些负面想法让她的生活出现了积极的变化。要赶走那些负面想法并不容易，她也确实花了很长时间，但是夏洛特现在成了一个幸福的妈妈。

患了躁郁父母综合征的家长很难清晰、理性和宽容地理解自己的孩子。为什么？当你无法理解自己的时候，就无法理解自己的孩子。不是有句老话这样说吗？"如要爱别人，先要爱自己。"此言绝对不虚。很快你将看到，在很多个案中，我们对孩子的负面想法其实与孩子无关，而与自己的经历有关。我们童年时的遭遇，也有人称之为"过去的阴影"，造成了我们一些不切实际的期望，从而催生出我们对孩子的负面想法。

负面自言自语的根源

引起争吵的通常是你想要孩子去做、他们却没在做的事情，例如更听话、更积极、有更多的朋友，或者成绩更好。或者是你不想孩子去做、而他们却正在做的事情，例如顶嘴、成绩很差、把他的房间弄得一团糟，或者欺负其他孩子。

成年人的童年经历通常造就了他们对自己孩子的态度。例如，小时候被大人责骂不负责任的人，长大后作为家长也会因为责任问题而头疼。小时候被人说很懒的家长，也许会造就同样很懒的孩子，因为他们不敢给自己的孩子太大压力。小时候被认为很漂亮的家长，也会很注意孩子的外表。这样的例子还有很多很多。最重要的一点是，我们必须理解小时候的经历对我们造成的影响。当然，过去的经历不一定会在未来被重复。成年人可以将过去那些负面、消极的想法转化成为积极的生活态度，但我们需要的是自我觉知和努力。

我想指出一点，父母缺乏自信并非造成负面思维模式的唯一原因。我相信，绝大多数父母对他们的孩子都有负面想法，只是程度上各不相同。有些父母也许很自信，但无法理解自己的孩子为什么那么难管教或者和自己截然不同。还有些家长却因为孩子患有焦虑症、抑郁症、注意缺陷多动障碍或者仅仅只是喜怒无常而不堪重负。

我不是一个负向思考者

你也许会想,"杰夫博士,这本书不适合我,因为我的孩子才是真正的问题所在。我不是一个负面思考者。"一个家长也许会告诉我:"如何看待自己的孩子不是我的问题。"然后他开始数落孩子有哪些让人讨厌的缺点(还记得第1章里我列举的十大最令父母抓狂的行为吗?)我理解他们的怀疑。但是待他们发泄完毕,我耐心地告诉他们,负面思维方式是造成躁郁父母综合征的最大的因素,尤其是如果他们无法坐下来开诚布公地与孩子谈论出现的问题。顺便提一句,劈头盖脸地教训一通或者大吼大叫可不是讨论问题的方式。最基本的一点是,如果你无法与孩子进行冷静的讨论,无法解决你们之间的冲突,或者发现自己常常冲孩子吼叫,那么很可能是你的负面思维模式导致你们的关系出现了问题。

请注意这一点,即使你对自己很少有负面想法,但只要是与孩子有关的,你就仍然很有可能是个负向思考的人。也许你有意识地避免在婚姻中或者与同事的相处中以消极的模式进行思考。但令很多家长不安的是,他们的负面想法主要是针对自己的孩子。这一点让很多家长感到害怕,也不愿意去承认。

试着写下你对自己和对孩子的负面想法。当我让家长回家去做这个练习的时候,他们会吃惊地发现原来自己真的是个负向思考的人。这也正是为什么他们爱自己的孩子,却无法喜欢自己的孩子的原因。

不知道自己是不是个负向思考者？做一下这个测试！

也许你不认为自己是个负向思考者。你也许是个会进行积极自我暗示且非常自信的人。我希望真的是这样。但也许你是个负向思考者，**而你并不知道**。下结论之前，不妨听听自己的心声，看看你对自己和对孩子有什么样的想法。没准儿你会大吃一惊。

这个练习很简单。接下来的几天里，听听自己在想什么。每次你发现对自己或者对孩子有一些想法，就把它们记在下面的表格里（见表 2-1、表 2-2）。

表 2-1　你对自己的看法

积极的 （即使遇到问题、阻碍仍然健康、切合实际）	消极的 （偶尔消极）	负面的 （常常是非黑即白）
例如："尽管我女儿今天喜怒无常，很难管教，但我自己过得还不错。"	例如："最近我希望家里的日子能过得轻松一点儿。"	例如："每次我一管孩子就会大发脾气，我的生活怎么这么悲惨。"

表 2-2　你对孩子的看法

积极的 （即使遇到问题、阻碍仍然健康、切合实际）	消极的 （偶尔消极）	负面的 （常常是非黑即白）
例如："她也许更敏感了，我得记住这一点。"	例如："她要是能听话一点儿就好了。有时我真的是忍无可忍了。"	例如："她又来了。她的目的就是把我的生活弄得一团糟。"

做这个练习的时候，记住消极想法和负面想法的区别在于程度和频率。如果你在吃完了很贵的奶油冰激凌、看了自己最喜欢的电视节目之后，仍然有好几个小时或者好几天都郁郁寡欢（例如想着自己是个"大肥猪"），那么这就是负面想法。如果你女儿上学迟到了，你告诉自己"也许我们该重新计划一下早上的准备了"，这是在为她的迟到做出积极的补救。但如果你立刻下结论"她就是自理能力太差，将来进入社会也没法找到一份好工作"，你的思维模式就是极其负面的，而且你对女儿的判断也很不准确。你不是在描述一个情况，而是以一种笼统、负面的方式来理解孩子出现的问题。

你的头脑左右着你的感觉

负面思维模式影响极大，就在于**它强烈地影响了你的感觉和对外界的反应**。这是最重要的一点。我们与自己交谈时产生的想法并非简单地进出我们的头脑，它们会待在那里不走。我们的感觉、情绪和行为都受思想的控制。我敢打赌，你肯定听到自己或者别人说过这样的话，"我不知道为什么，但我感觉今天对他特别有耐心"或者"我搞不懂为什么今天对我女儿特别生气"。这并不神秘：它恰好证明了你潜意识的自言自语。你的想法能让你对孩子感到高兴、失望、愤怒或者悲伤。

如果你一遍又一遍地告诉自己，女儿不负责任又懒惰，你对她会有什么感觉？肯定很生气！你会觉得自己一辈子都摆脱不掉这个不负责任又懒惰的孩子了。

如果你脑子里的复读机一直在播放"她把整个家都毁了"，你就会把整个注意力都放在她做了什么、说了什么来证明了这一点。你对自己也会很生气，因为你觉得是你放任她这么做的。脑袋里整天盘旋这些念头的时候，你和孩子的关系会好吗？

你甚至会让自己的身体健康受损。一位同事跟我分享过这么一句话："我们的身体会流出眼睛不愿意流下的泪水。"有不少客户跟我抱怨过，由于家庭气氛过于紧张，他们患上了胃疼、皮肤过敏和偏头痛。如果你是个有负面思维模式的人，你也许会有高血压、失眠或者厌食症。这一点毫无疑问，因为当我们的思维和言语充满负面能量时，身体也会充满负面能量——压力、疲劳，甚至是抑郁和焦虑。

所以即使你意识不到在对自己进行负面暗示，它们仍然影响着你的感觉和行为。如果你日复一日地告诉自己关于孩子的负面信息，尤其是面临问题的时候，你的感觉就会成为现实。现在既然你已经理解负面思维模式会如何影响你，就要及时斩断这种模式。

负面思维模式创造现实

关于负面思维模式，有一点没有引起我们的重视，那就是它造就了我们的经历——即使这些负面想法并没有现实基础。这句话很重要，也很可怕，对不对？我们能够把想法变成现实，甚至是那些我们没有意识到的想法！

这就意味着，即使我们不是不合格的或者是缺乏自控能力的家长，只要不断重复这样的想法，我们就能够说服自己以及其他人，我们就是这样的家长。或者如果你的孩子有很多优点，而你却只关注她的缺点，那么你对她的看法会非常偏激和消极。这太吓人了！

负面想法催生负面行为

我曾经一次又一次看到那些处于危机边缘的家庭，因为父亲、母亲或者孩子感到焦虑或者抑郁，从而转向食物、酒精、毒品、混乱的关系或者色情产品等以求获得安慰。多数情况下，都是由于负面思维模式导致了这些悲剧的发生。通常这些家庭都是在被负面思维模式折磨了很多年之后才来我这里寻求帮助。

负面想法也会导致家长对孩子的负面行为。他们也许会突然控制不住地大发脾气，或者大喊大叫、嘲笑、羞辱、欺负、威胁孩子，对孩子撒谎、实行冷暴力，甚至打孩子。一个十几岁的孩子曾经告诉我："好像他们满脑子想的都是对我的不满。然后这种不满突然爆发，他们就对我恶言相向。"

看到家长无法将自己的负面想法和恶劣行为联系起来，我感到很痛心。如果家长充满了对孩子的负面想法，亲子关系就会受到严重的伤害。

控制你的负面想法

长久以来，哲学家们和心理学家们就已经验证了思想的强大力量。苏格拉底（Socrates）曾说："道听途说足以为信。"罗马哲学家爱比克泰德（Epictetus）也曾经悟到："困扰我们的不是某件事情，而是我们对这件事情的看法。"或者佛陀也曾经开始开示过："所思即所是。"然而每次看到客户突然意识到他们自己思想的力量，我都感到非常震撼。

听从这些先贤智者们的教诲，难道我们不应该清除自己的负面想法，改变对事物的看法吗？这也成了现代心理学的一个里程碑。想想当我们不再贬低自己和自己作为家长付出的努力时，我们会是多么自由。想想当我们开始处理与孩子之间真正的问题，而不是处理那些被扭曲的负面想法时，我们会是多么开心。

实际上，你可以调整对自己的看法，并且感到更加幸福。所以不要再认为自己是"不负责任的"，而应该是犯了一个"实实在在的错误"，或者得到了"学习的机会"。不要想着自己是"懒惰的"，而是正在"充电"。不要认为自己是"失败者"，而是经受了一次"挫折"，或者"离成功更近了一步"。

是的，成为一个更有觉知力、更积极的思考者需要付出努力。想一想灯泡的发明者托马斯·爱迪生（Thomas Edison），他曾经说过："我没有失败。我只是找到了一万种行不通的方法。"我们都知道做灯泡比做父母容易多了！

难道你不认为，如果你能够清除自己的负面思想，将对自己有完全不同的观感？绝对是！难道你不认为，如果你能够清除关于孩子的负面想法，他在你眼里会可爱得多？答案毋庸置疑！

学会如何重新审视自己的负面想法，是接受自己和他人的关键，也是发生积极改变的关键。在接下来的几章里，你将学会如何应用一套新的更加健康、理性和积极的思维方式来消灭自己的负面想法，成为更加冷静、更加理智的家长。

如果负面想法无法清除呢

你要能够学会重新审视生活中遇到的充满挫折和压力的情况——尤其是与孩子有关的时候。所以如果你吃惊地发现自己是个负向思考者，不要惊慌。我帮助过一些有着极端负向思维模式的家长，他们都成功地改变了这个习惯，只是因为他们想要做出改变，并且在出现好的变化之后努力坚持。每个人都有着强大的心灵能量和觉知能力。假设某天你和孩子在街上行走，这时一辆车疾速朝孩子冲过来，你会不会一把将他抓住来保护他？你当然会。这就是觉知能力。在第 5 章中，我将告诉你更全面地觉察自己负面想法的方法。

本书提供的方法将帮助你更好地应对生活中出现的问题，以截然不同的态度来面对自己、面对你所面临的困境和生活中的人。想想那无限的可能性！你将不再受到躁郁父母综合征的困扰！只要改变思维模式，不再想着"我太生气了，真想把我女儿痛打一番"，你就可以只是冲女儿嘟囔几句。你可以不再把儿子看作"骗子"，而是一个"对于诚实面对父亲缺乏安全感"的孩子。我说的可不只是换个说法而已；而是彻底地改变态度和感觉。

所有这一切归根结底就是：**我们对外界事物的看法直接影响了我们对**

它们和对我们自己的感觉——无论这种影响是好是坏。幸运的是，我们可以通过控制思想和感觉来控制自己的行为。当你应用这种新的思维模式时，会惊奇地发现它将你和孩子的关系变得更加紧密，而这种亲密的关系和对彼此的理解，是你从未想象过的。

总结

今天你有了全新的领悟。你了解了自己的想法如何在最大程度上影响了你作为家长的态度和行为。我欣赏你剖析自我、下决心找到新的方法让孩子的生活出现持久、积极转变的勇气。请时时刻刻记住以下几点：

- 你的想法决定了你从哪个角度以及如何关注自己的孩子。
- 我们都会自言自语，这些自言自语决定了我们面对孩子时的感觉和态度。
- 孩子能够感知到我们对他的负面想法，不论我们是否有所察觉。
- 你在亲子关系上的成功取决于你如何看待自己的孩子，尤其是当孩子表现不好的时候。
- 你有选择自己的想法、感觉以及对待孩子的态度的自由，尽管需要花费一点儿时间，但要获得这种自由，比你想象得要容易。

第 3 章
识别九大负面思维模式
liking the Child You Love

几年前,一位叫罗琳的家长来找我咨询。她有一个脾气暴躁、叛逆的14岁女儿。走投无路的罗琳向我哭诉:"她只会一而再再而三地向我索取,我已经一无所有了。……她既不懂得感激还特别刻薄,我真希望有人能够领养她就好了。"

你可以想象得到,罗琳最不愿意听到的建议就是,要使情况出现转机,最重要的一步是改变思维方式。难道出现行为问题的人不是她的孩子吗?所以罗琳一开始其实很不喜欢我的提议。"杰夫博士,她确实在你面前装得挺好的,她在别人面前也是一样。但是她在我面前可是原形毕露。结果你让我做出改变?"

我没有说话,让罗琳尽情发泄自己的怒气。接着,在我的鼓励之下,她做了一件自己从来没有想过的事情。接下来的一周里,她看着自己记录下来的所有心理活动、所有对她女儿的负面评价,发现了一个重要的事实:她越注意自己的心理活动,女儿就越信任她,也就越愿意吐露自己的心声。

你看,如果你的头脑里充塞的全是负面看法,那么你就很难听到孩子的想法。但是一旦你敞开自己的心胸,将自己的自大放在一边,就会有意想不到的收获。

很多父母也曾经和罗琳一样,面对难以管教的孩子,他们一开始都是一样的手足无措。孩子不听话的时候,他们也曾经历过沮丧和绝望。但是

第 3 章 识别九大负面思维模式

他们并没有坐等孩子"变好"或者让孩子做出选择，相反他们首先选择改变自己的态度，尤其是对孩子的负面看法。

是时候让你头脑里那些黑暗的想法暴露在阳光下了。这个阳光就是你的自我觉知。一旦你知道这些想法是什么，也学会了如何控制这些想法，你的躁郁父母综合征就会大大减轻。你只需要跟着我坚持读下去，就会豁然开朗。

是的，在本章中我将向你发出挑战。我将敦促你探索从来没有探索过的领域。你也许会害怕面对自己的负面思维模式。可是为什么要害怕呢？我们讨论的是你对你的孩子的看法和感觉！如果对这些负面想法置之不理，只会带来更严重的后果。这些潜伏着的负面想法比那些已经被挖掘出来并经过处理的负面想法要危险得多。例如，你也许会发现自己对朋友或者伴侣说，"我已经被这群孩子弄得筋疲力尽了，我再也承受不起了"，或者"我不知道自己为什么要冲他大叫大嚷"。就像水坝里的水一样，负面想法也会慢慢累积。有时候它们会将你压垮，使你充满了怨恨、悲伤或者愤怒。有时候则会让你毫无由来地爆发。继续阅读本书，你很快就不需要说"我要是知道怎么解除孩子给我带来的压力就好了"这样的话了，因为你即将知道怎么做。

否认负面想法的存在也许能给你带来片刻安宁，但它的恶果终将显现。你可以假装这些负面想法对你没有危害，因为它们潜藏在你的意识深处，你也可以告诉自己，孩子感觉不到它们的存在。但是还记得我说过孩子有特殊的雷达吗？一旦孩子感受到你对他的负面看法，他就会关闭与你的沟通渠道，疏远你，或者会想别的方法将自己的愤怒发泄出来，变得叛逆。

请再次记住,像你这样的家长有千千万万。绝大多数家长都存有这种负面想法,他们只是没有意识到而已。我在前面曾经提到过,你也许会觉得自己不应该用这样负面的方式来看待孩子。我也知道你很努力地想做一个"好"家长,否则你就不会打开这本书了。我向你保证,只有正常并且关心孩子的家长才会想与负面思想做斗争。你将会发现,对于负面想法是选择坐视不管还是采取对策,决定了你是不是一个负责的家长。

是的,克服那些负面想法需要付出努力,你将学会如何提高自我觉知和自我控制能力。但是这些努力比起为改善家里日渐紧张的气氛、消除与孩子之间的误会做出的努力,就不值一提了。相信我,我与无数被误解、充满挫败感的孩子打过交道,为了不让你的孩子变成那样,你是值得付出努力的。

你的自控力超乎想象

如何照顾孩子这个课题已经得到了广泛而深入的科学研究。这种想要照顾幼儿的强烈感觉可以追溯到我们的中脑,这部分大脑帮助我们处理情绪、注意力、动机、共情、做决策和其他育儿过程中涉及的复杂功能。毫无疑问,我们的大脑对于如何理解并满足孩子在情感上的需求已经有了一套程序。但是你将会看到,我们的大脑在学习新的思维模式方面也很灵活。

请记住,大部分研究表明,人类的大脑要到20～30岁的早期或中期才会发展成熟。因此,作为成年人,我们在控制思想和情绪这方面的能力要超过自己的孩子。尽管我们应该给孩子在行为上设定一个合理的规范,但是请注意，只有成人的大脑已经发育成熟。这就是为什么你要树立一个榜样，教会孩子健康、理性的思维和反应模式。除了大脑中设定好的程序，我们也有自己的一套理念，我们在育儿方面的决策都基于这一套理念，包括社会习俗、原生家庭的影响以及我们自己的观念。

基于大脑的生理结构和你自己的理念，你也许认为自己作为家长的思维方式已经基本固定不变了。才不是这样！杰弗瑞·舒瓦茨（Jeffrey Schwartz）和莎朗·比格利（Sharon Begley）在《思想与大脑》（The Mind and the Brain）一书里就披露了患有强迫症的人如何通过学习新的思维方式来改变大脑的活动和生理结构。最引人注目的是，那些没有吃药的病人和吃了药的病人报告了同样程度的大脑活动的改变。同样的实验结果也出现在了患有抑郁症和焦虑症的病人身上。在我自己的心理临床治疗和读者给我的反馈中，我也一次次发现家长绝对可以改变自己的态度和行为，而且会变得更好！

最令我兴奋的是，当家长改变了自己的思维方式时，孩子的行为也随之发生了变化。刚当上爸爸的时候，最令我困扰的是，我僵化地认为我的任务就是"管好"孩子。这个错误的理念让我变得非常专横，把他们管得死死的。后来我发现，这种做法只会让孩子憎恨和抗拒我。由于我总是一副高高在上的样子，所以他们完全意识不到我是为他们好，他们的叛逆行为也一再升级。而当我将重点从控制他们转向理解他们的时候，令人感叹的转变发生了。可见，如果我能做到，你肯定也能！只要你学会保持清醒的头脑，给予孩子支持和有建设性的意见，他也会在情感上变得强大和健康。

请记住，我们每个人的头脑里都有自己的负面思维模式临界点，有的家长会越过这个临界点，有的则不会。例如，有的妈妈看到地上乱扔的三个背包和三双鞋子会很恼火，但不会大发雷霆。但有的妈妈会暴跳如雷，表现出严重的躁郁父母综合征的症状。

现在让我们回到在本章之初我曾经提到过的话题，将我们黑暗的想法暴露在阳光下。以下是对九大负面思维模式的描述，你会发现自己也许陷入了其中一个或多个这样的模式中。其实这很普遍，你得等到和孩子的关系出了问题才会意识到这些思维模式的存在。你会突然发现原来自己也有这样的想法，"好吧，这句话听起来确实很熟悉。"

有不少震惊的家长向我坦承，他们对于自己有一种、两种甚至所有九种思维模式感到非常"内疚"。记住，你不会因为出现了这些思维模式而受到评判，至少不会在我的书里！我们也不是为了追求完美。每个人有不同的人生际遇，不要纠结于你有几种或者哪种负面思维模式。只是带着开放的心态去了解，看看哪些能引起你的共鸣。在稍后的几章里，你将学到如何让自己的大脑放松，如何提高自己的觉知能力去"捕捉"那些负面想法，以及长期克服负面思维模式的具体策略。

亲子关系中的九大负面思维模式

正是这九种负面思维模式破坏了我们的亲子关系，让我们痛苦不堪。前五种思维模式是随着时间逐渐形成的，而后四种则是源于怒气的爆发。请注意，这个清单并不完整或者一成不变，有时候某些潜藏已久的负面想法会突然爆发，有时候有些因孩子的不良行为导致的负面想法也可能没有那么极端,总之各种情况因人而异、因事而异。

逐渐形成的负面想法

1."总是或者从不"模式

朱莉有个叫瑞秋的13岁女儿,这个女儿总是把她气得暴跳如雷,因为瑞秋既不懂得感恩,又喜怒无常。为了疏解瑞秋给自己带来的压力,朱莉尝试了从瑜伽、冥想到柔道的各种方法。朱莉一直是个尽职尽责的好妈妈,每天在瑞秋入睡之前都会帮她梳头。她会耐心地听瑞秋向她抱怨学校的老师多不公平,其他7年级的女生有多讨厌。每天朱莉都要给瑞秋和她的两个妹妹洗衣服,3个小姑娘的衣服加起来都能堆到天上去了!

朱莉的头脑里充满了负面的想法。她已经看不到瑞秋讨人喜欢的样子,因为她全部的注意力都放在了瑞秋令人讨厌的地方。当朱莉陷入"总是或者从不"模式时,她更加心烦意乱。"杰夫博士,这孩子从来没有对我做的任何事情满意过。她总是在家里挑事。除了她自己,她谁都不关心。我已经走投无路了。"

这就是陷入"总是或者从不"模式中的家长常用的语言,他们只会看到孩子不好的那一面。例如"他在学校上课从来不积极",或者"他总是欺负弟弟",又或者"我跟他讲道理的时候他从来不听"。但事实是,所谓的"总是或者从不"的表述并不准确。我知道你是这么感觉的,但是孩子的问题是一周7天、一天24小时一直存在吗?我表示怀疑。

你读到这儿的时候也许会说:"可是杰夫博士,我真的是这么觉得。"

我知道你确实有这样的感觉。但是请记住，你是受到了躁郁父母综合征的困扰，你的孩子之所以从不听话或者总是惹事，是因为你的感知已经被扭曲了。实际上，每个孩子的行为都是不断变化的。正是这种"总是或者从不"的思维模式让我们夸大了孩子的恶劣程度。

当人类感到受伤或者沮丧的时候，他们的大脑里会盘旋着很多包含着"总是"或者"从不"的句子，并且会不由自主地脱口而出。（说实话，有时候面对来找我求助的家长时，我也会不由自主地使用"总是"或者"从不"这样的语言。我得提醒自己，千万别认为在我诊所里的家长总是抱怨自己的孩子，或者从没注意过孩子身上的正面能量！）我可以告诉你，年复一年地与那些焦虑或者愤怒的家长们打交道之后，我发现这种"总是或者从不"的负面思维模式毫无疑问是最最常见的。

那么一开始我们是怎么陷入这种"总是或者从不"的思维模式的呢？是为了减少自己的焦虑和紧张情绪。想想当孩子的言语或者行为出格的时候你对自己说的话（他怎么可能不知道每次上完厕所都忘了冲水会让我发火），或者当你的孩子就是不听话的时候你对自己说的话（她每次收拾房间之前不和我大吵一架绝不罢休）。你得找到一个方法让自己的怒气得到发泄。而这种"总是或者从不"的思维模式会给我们一种错觉，觉得问题永远无法解决。这是一种代表着放弃和失去信心的语言，将建设性地解决问题的方法排除在外。

不过你可以放心，我发现这种思维模式的产生只是因为你太渴望让孩子在社会上取得成功，并且感到快乐。可令人讽刺的是，这种渴望反而给你带来了压力，也给孩子带来了痛苦。你想要向自己解释为什么孩子这么不听话，而"总是或者从不"的思维模式给了你最方便的借口。但它带来的只是伤害而非保护。当你用"你总是"或者"你从不"来指责孩子的时候，你就剥夺了自己理解孩子的机会。如果你把这些想法宣之于口，我敢保证你的孩子绝对会瞪大眼睛看着你，一副受伤的表情。

所以如果你责怪孩子"你从来都不听我的话"或者"你总是不愿意吃亏"，她肯定会像刺猬一样浑身是刺，或者避免和你交谈，又或者完全对你的话充耳不闻。她的回答也只会是诸如"你就批评我一个人"或者"我从来都没有让你满意过"，你们之间要想进行任何理性的讨论并且解决问题几乎是不可能了。

成功的亲子关系来源于宽容地接纳孩子的任何行为，看到他既有优点也有缺点。养育一个情感健康、自强自立的孩子不在于你对他有什么期望，而在于全然接受她原来的样子。通过发现自己脑中"总是或者从不"的思维模式，你的孩子将有望成长为一个健康、有担当的成年人。

2. 贴标签

"他太懒了。""她就是个没心肝的孩子。""他是个爱撒谎的孩子。""她总是无理取闹。"看看这些负面的标签，它们能不对孩子造成伤害吗？当家长开始以一成不变的眼光看待孩子时，"总是或者从不"的思维模式就会变成一个个贴在孩子身上的标签。多么令人伤心啊，老话"给孩子贴上标签，他就会长成那个样子"竟然道出了真理。负面标签会让想要做出积极改变的孩子止步不前。

格斯有个17岁的儿子叫兰尼，他认为兰尼是个懒虫。然而兰尼是柔道黑带，在自己的学校里很受欢迎，还在附近的超市做了一份兼职。可是他的成绩却很差。兰尼将来很可能只能上一所社区大学，对此格斯感到非常失望。兰尼就是做不到像格斯那样学业成绩优异，而格斯接受这个现实的唯一出路就是给兰尼贴上懒惰的标签。

对孩子的错误行为进行关注本无可厚非，但因此给他们贴上标签绝不是解决之道。孩子能做的无非就是达到我们的期望或者令我们失望。如果你说"彼得就是爱抱怨"或者"翠西太害羞了"，也许这些标签将跟随他们一生。贴标签给孩子自尊带来的伤害远大于某些家长的想象，而且也会让孩子的错误行为固化。

我希望你能注意到负面标签是如何产生的。家长们喜欢贴标签，是因为他们没有别的方法解释为什么孩子不听管教或者让他们失望。当然，我也知道有的标签无伤大雅或者只是爱称。例如，我就知道一个妈妈亲切地叫自己精力充沛的5岁儿子"破坏王"（源自动画片《摩登原始人》里塑造的一个爱砸玩具的小孩）。可如果因为自己5岁的孩子在幼儿园里跟小朋友相处不好就把他叫作"坏孩子"，这两者是有天壤之别的。

所以为什么家长要给孩子（不管是默默地还是大声地）贴标签呢？其实，标签是另一种简单且方便的处理信息的方式。和负面想法一样，标签产生于充满挫败感、愤怒和怨恨的家长脑中。

这一点也许并不明显，但有时候家长投射在孩子身上的标签其实是对自己某些地方不满意的反映。我知道当我和孩子闹矛盾、给他们贴上负面标签的时候，其实也是我对自己不满意的时候。例如，当我对自己乱扔东西的习惯不满时，也就会更容易挑剔孩子在这方面的问题，而不是直面我自己的问题。

有时候标签也会让家长变得对孩子的动机或者行为有不合理的怀疑。例如，如果是家里的婴儿或者猫打碎了一个盘子，家长首先怀疑的却是那个毛手毛脚的大孩子。这个原理我会在讨论"严厉指责"这个负面模式时进行进一步的解释。

最近，患有注意缺陷多动障碍的高三学生简和她的父母来到我的办公室。简的爸爸给她贴的标签是粗心、学习上有问题也不管不问。最后简怀孕了。此时，简最不愿听到的话就是她注定一辈子粗心大意、不负责任，尤其是从她爸爸嘴里说出来。可是简却怀了孕，这在她爸爸看来简直是极端的不负责任。简让那些负面标签变成了现实。尽管有些孩子可能不会应验父母给他们贴上的标签，可是我们为什么不断给他们贴标签并且冒着标签成真的风险呢？

另一种形式的负面标签则是将孩子与自己的伴侣、前伴侣或者一位兄弟姐妹归为一类，例如跟孩子说："你就跟你爸爸一模一样。"或者"为什么你要像你妈妈一样呢？"

最后，请记住，一开始有些标签是以开玩笑的形式出现的。最近一次进行家庭心理咨询时，一个丰满的15岁小姑娘就告诉我，她爸爸叫她"大肥肥"，但她一点儿也不觉得好笑。幸运的是，这位父亲既谦逊又聪明。他承认自己的玩笑太放肆也很不妥当，及时化解了与孩子之间的潜在冲突。我们都曾听说过这么一句话："七分玩笑三分真。"问题是家长往往忽视了即使是玩笑似的标签也会给孩子造成很大的压力。孩子，顾名思义，就是还在成长发育的人。他们的自尊也在慢慢发展，而负面标签只会让自尊的发展受挫，降低其自我价值感。你越注意不给孩子贴标签，就越能避开他们成长中可能遇到的陷阱。

3. 尖刻的讽刺

> 肯尼喜欢开自己15岁的女儿布丽吉特的玩笑。他觉得这既能以幽默的方式表达他的观点，又能让他的躁郁父母综合征得到几分缓解。实际上，肯尼常常觉得自己是那种很酷的爸爸。但是他压根没有意识到，他的那些尖刻的想法、评论和行为让女儿非常难堪。直到有一天，布丽吉特的好朋友告诉肯尼为什么她常偷偷地哭，他才明白自己的挖苦有这么可怕的后果。

父母们常常使用讽刺的语调、夸张的声调，或者说反话来表达他们不便直接说出来的话。例如，当孩子打破东西时家长也许会说："呀，你的举止怎么这么优雅。"这种讽刺只会刺伤孩子的心，也绝不是有效沟通的方式。一位13岁的来访者曾经告诉我："我父母说反话的时候实在太别扭了。他们以为自己很幽默，可是我真的讨厌得不得了。"

就其定义来说，讽刺也是一把双刃剑。你得小心翼翼不要被它伤到。在亲子关系上，我见过两大涉及讽刺的问题。第一个问题是，讽刺会破坏感情，当时说出的"玩笑话"也可能造成事后的伤害。习惯以讽刺性语言与孩子交谈的家长必须承担后果。我建议，最理想的情况是杜绝讽刺性语言。或者如果你喜欢开玩笑，注意一下界限。让孩子有勇气告诉你，他们不喜欢你的玩笑。一定要放下你的骄傲向孩子道歉，即使你觉得自己的玩笑无伤大雅。一旦意识到了边界在哪里，你就一定要遵守。

第二个问题更微妙一些。讽刺使你无法看到孩子敏感或者脆弱的心情，而它带来的后果也许是痛苦或者冲突。想象一个父亲看着自己可爱的16岁女儿走下楼梯，他既可以说："闺女，你今晚太漂亮了。"他也可以打趣说："呵，你这打扮也太一般了。怎么搞的？"尽管两者隐含的意思是一样的，但想要正话反说带来的也许是伤害了孩子的感情。

艾尔莎很感激自己的女朋友德罗丽斯，是她帮助艾尔莎看清，自己对13岁的儿子本说的话是多么挖苦。艾尔莎两年前遇到了德罗丽斯，也是在她离婚一年后。尽管本开始愿意接受妈妈选择同性恋的生活方式，但他还是有些挣扎。有时候他会时不时地小声嘟囔几句表达自己的不满，这让艾尔莎很恼火。她爱本，也努力变得更耐心。但是某天听到本又在拿同性恋开玩笑，艾尔莎的躁郁父母综合征终于爆发了。她决定也讽刺本一番，教训他一下。她嘲笑本在最近一次棒球比赛上的表现说："本，你们队要靠你投球才赢的话，那真是一点儿指望都没有了。"结果那天晚上本情绪崩溃，哭着告诉艾尔莎，他很害怕朋友们会嘲笑他，因为他的妈妈是同性恋。两个人最后都同意不再说挖苦别人的话了。使用第6章介绍的策略，艾尔莎不再使用讽刺性的语言，而本也跟着好多了。

记住，你的孩子会有样学样。也许你觉得自己的俏皮话既幽默又酷，但是一旦孩子开始用同样的方式对待你时，你就不觉得酷了，只会觉得他们对你"不尊重"。

4. 隐隐的怀疑

拉文觉得女儿娜塔莎最近变得越来越叛逆了。但她们的关系降到冰点，是因为有天早上拉文发现钱包里的 165 元钱不见了。无数个念头钻进拉文的脑子，最后她想："这孩子很可疑。"此时她更加焦虑，心想："我的钱放在自己家里都不安全了。"结果后来拉文才想起来，头天晚上她用这笔钱买了些日用品。但那个时候，娜塔莎已经看到了妈妈留给她的纸条，上面写着要她把"偷"的钱还回来。此时孩子当然很生气了。

喜欢无端怀疑别人的家长很难信任自己的孩子。这样的家长无法控制自己的焦虑，也有很强的控制欲。这种怀疑的感觉很容易引爆他们的情绪。怀疑造成的恶性循环就是这样形成的。家长与孩子之间不再存在合理怀疑，即使是真相双方也看不到。这种怀疑可以由贴标签引起，尤其是像"骗子"或者"不可信"这样带有不信任成分的标签。这种负面想法在孩子进入青春期、变得叛逆后会引起更大的问题。

10 岁的金杰是个很有天分的小画家。她的爸爸菲利普很开心她上了艺术班，让天赋得以施展。可是当他看到沙发上的颜料时却不高兴了。他告诉妻子玛琳娜，金杰可不能在家里乱涂乱画。可是玛琳娜却告诉他，那些颜料是隔壁 3 岁的小家伙留下的。菲利普这才发现自己错怪女儿了。

另一个例子与 11 岁的戴尔有关，他很不开心，因为他被冤枉说故意挑起和妹妹安德里亚吵架。安德里亚装出一副伤心的样子，结果他们的爸爸提姆轻易就上了当。当提姆听到安德里亚在电话里向朋友炫耀说戴尔被整了，他很懊悔自己错怪了戴尔。

也许你的孩子确实做了错事，让你很难去相信他们。有的孩子也确实个性顽劣，不服管教。我见过孩子们千方百计地躲避父母的管制，他们可是很有办法的。我听说过他们偷偷将大麻藏在地板下的通风管道里，晚上偷偷溜出去玩，偷钱，以及其他一些恶劣行径。要建立与孩子之间的信任，你一定要保持冷静，清楚地告诉他们哪些事绝对不能做，但不要太刻薄和挖苦。是的，你也只是人，偶尔也会失去冷静，朝孩子咆哮。但是努力控制自己的情绪能帮助你感觉对生活有更大的掌控感，不管你和孩子之间面临多大的问题。这么做也许不能让你尽快找到真相，但也比冤枉了孩子强。

如果孩子的叛逆行为不断升级，你可能就需要采取直接行动了。例如，在我写作本书的时候，我就在诊所里鼓励一个父亲在不听管教的女儿第二次逃学后将这件事报告给校长。为了赢取女儿的信任，他告诉女儿，他将采取行动，但使用的是非常包容的语调，而非过去那种严厉指责式的。也请记住，有些孩子的叛逆行为其实是一种寻求帮助的信号，在这样的情况下进行咨询对他们是很有帮助的。

5. 危险的否认

12岁的丹尼斯曾经是其他6年级学生嘲笑的目标。他比同龄人矮小，所以没少受他们的欺负。但让丹尼斯受到嘲笑的，其实是他爱瞎传消息的毛病，因为丹尼斯似乎觉得"大嘴巴"可以弥补身材上的矮小。例如，丹尼斯就编瞎话说班上的一个男孩和一个女孩"好了"，而那个女孩用丹尼斯的话说是个"交际花"。丹尼斯似乎很喜欢说班上同学的坏话，这让他在班里几乎找不到朋友。

丹尼斯的爸爸盖瑞是个经验丰富的检察官，也是学校董事会的成员。盖瑞从不掩饰自己要成为"最棒的"爸爸的野心，也拼命想证明给前妻看，他们的儿子什么也没干，是同学错怪他了。结果丹尼斯又在童子军里故伎重演。到了此时，盖瑞终于不再否认事实，而是支持丹尼斯去寻求心理咨询的帮助。令人欣喜的是，丹尼斯坦白承认了自己时常感到焦虑，也很没有自信。作为一个明智的父亲，盖瑞不再否认儿子出了问题，选择诚实地面对儿子的挣扎并予以支持。这也让他和前妻的关系得到了改善。

"危险的否认"和其他负面想法很不一样。其他八种负面思维对于处在困境中、对孩子充满了负面想法的家长们来说非常普遍。而否认问题的存在这种负面思维产生的时候，家长并没有处于过度焦虑中，反而在为孩子的行为找借口。有着否认习惯的家长会告诉自己，孩子是完美的，孩子身上表现出来的问题绝对不是事实。

多年来，我见过无数试图否认孩子存在问题的家长，这些家长对现实的扭曲其实反映了他们自己的情绪问题。有的家长告诉我，孩子之所以出现问题，全是老师、学校、同龄人、教练或者孩子兄弟姐妹的错。这种否认让家长得到一种虚幻的慰藉。不愿让孩子承担责任意味着让其他人背黑锅，这样家长就将责任转嫁给了他人，自己则松了一口气。一个孩子出现问题，不太可能完全是别人的责任。即使是被欺负的孩子，家长也可以教他们避免成为受害者，或者将伤害降至最低的方法。

尽管孩子们如果犯了错会自然而然地怪罪别人，但这种逃避态度只会让事态恶化。家长一定要警惕"如果……就"这种想法。如果你这么想或者这么说了，可能就是在否认孩子的问题，例如"不是她的错。如果老师更耐心一点儿,她就会表现得好一点"或者"如果教练给她一次机会就好了"。转嫁责任,例如"如果有人告诉她不要动,她就不会打人了",也明显是一种否认问题的信号。

你也许会想:"那我的孩子被别的孩子欺负的时候呢?"确实,有的时候你必须挺身而出保护自己的孩子。但是为了保护孩子进行有效的干预与扭曲、否认事实完全是两码事。

有时候家长在否认事实的时候显得特别理直气壮。我见过一些家长太过于注意自己的形象,对关于自己孩子有错的暗示一概否认。我曾经与一位成功的家庭咨询师工作过,她无论如何都无法相信自己的儿子偷了学校的一台笔记本电脑。另一个叫瑞亚的家长强烈要求儿子亚历克斯所在的私立学校减免他的家庭作业,而亚历克斯没有任何身体或者智力上的问题。学校管理层对此很不满意。果不其然,瑞亚给儿子换了一所学校,结果又发现那所学校也有问题。

这种理直气壮有时候可以表现得更有技巧、更微妙。其表现形式是家长首先会假意道歉,结果后面就会带着一个"但是",然后家长便开始大加指责。例如,"很抱歉艾莉森惹你女儿生气了,但要不是你女儿先挑事,事情也不会变成现在这样。"

不让孩子承担该承担的后果,只会剥夺他们从自己的行为中吸取教训的机会。合理地保护孩子的利益和对他们的人生进行干涉、不让他们从中得到教训是完全不同的。当孩子们不必去面对自己的错误行为导致的后果时,他们其实受到了伤害。否认事实的家长将冒着毁掉孩子解决问题能力的风险,也使他们无法获得更好地发展自己应对挑战的技巧。

突然爆发的负面想法

6. 情绪过激

15岁的艾米早上总是起不来。一天早上，由于刚起床眼睛还朦朦胧胧的，所以艾米错拿了妈妈的眼线笔。艾米的妈妈泰米是个单亲妈妈，同时还要照顾自己病入膏肓的父亲，所以她承受着巨大的压力。不仅如此，泰米最近碰上了公司裁员，她每天都战战兢兢的，不知道工作还能不能保得住。

化完妆后，艾米顺手把眼线笔扔给妈妈，结果泰米根本没看到。被空中飞过来的眼线笔打到之后，泰米朝艾米失控大叫，指责她是个不可理喻的女儿，她再也受不了了。艾米告诉我："她就是个疯子。我干什么了？我就是不小心而已，她怎么跟个神经病似的。"

当家长认定孩子的表现已经超出他们的掌控，就会表现出"情绪过激"。它具体指的是当家长无法理解孩子的情绪时，就会极度想要逃离现场或者冲另一半发火。很多家长都真心地想帮孩子，可是当自己感到无助的时候就会变得歇斯底里。说实话，作为家长，有时候感到无助也是无可厚非的。尤其是当我们处于矛盾之中，不知道该让他们犯错误还是保护他们以免感到沮丧的时候。

情绪过激有时候也许不会表现出来，而是一直压抑在心里。通常，一个家长压抑自己的情绪是因为觉得这是软弱的表现，他们会选择封闭自己的情绪。或者有的家长觉得忽略孩子才是最有效的对付负面想法和感觉的方法。说起"封闭"自己的情绪，我指的可不是不说话或者摔门而出。我们都知道孩子，尤其是十几岁的青少年，最擅长的就是沉默不语或者摔门。但是作为成年人，家长有责任更好地处理自己的情绪。

在亲子关系中，情绪过激也是一个很大的问题。随便发脾气以及对孩子有过高的期望和标准会很损害孩子的自信。家长在发泄情绪的时候会完全忽视孩子的感觉和观点。

我曾经接待过一个名叫克莱尔的妈妈，在她的述说中，她11岁的儿子乔纳森非常"不听话"。她告诉我："我快没有耐心了。他总是沉迷于电子游戏和玩电脑。我不得不限制他玩游戏的时间，也不准他看一些不适合看的节目或者玩暴力的游戏。但是很显然，他的朋友们想看什么就可以看，想玩什么也可以玩，而且是随时随地的。结果他就说我是个坏妈妈，他恨我，还开始冲我骂脏话。他脾气暴躁极了，而且不讲道理，我快被他烦死了。"

克莱尔之所以走进我的办公室，是因为那天她打了儿子，还扯了他的头发。"我停下来，意识到自己的情绪已经失控了。"一旦克莱尔了解了什么是情绪过激，她接下来要学习的就是如何放轻松，并且更好地觉知自己脑子里的所有想法。保持觉知能帮助你学会如何捕捉那些负面想法。克莱尔很愿意直面自己的问题，而且学着如何用更灵活的思维模式来取代过激的情绪。

有时候，我们会听说家长是如何突然发现孩子陷入了令人震惊、危险的处境中（例如和别人发生关系或者犯罪），这个时候情绪过激是可以理解的。然而在大多数情况下，家长情绪过激时完全知道在孩子身上发生了什么。这种情绪失控来源于无法消除的压力和负面想法的逐渐累积。

我们都知道世界上没有完美的父母。然而，情绪过激这个问题应该得到解决，否则就会演变成言语或者身体上的虐待。而且，情绪过激会逐渐演变成一种习惯，当孩子出现状况的时候，家长也会茫然不知所措。有时候，也许孩子的行为不像处于盛怒中的家长想象的那么糟糕。然而，情绪过激带来的后遗症是孩子失去了对家长的尊重，并且很害怕家长什么时候又会失控。

7. 严厉指责

雷根和弟弟贾文大吵了一架，又开始生姐姐塔米卡的气，对妈妈莎朗的态度也特别暴躁。烦躁不已的贾文也开始冲妈妈发脾气。而莎朗由于这一天的工作特别忙碌，压力很大，开始指责贾文在吃晚餐的时候弄得大家都没胃口。她错误地以为那天晚上的所有麻烦都是贾文引起的。

很多孩子都讨厌被家长指责。"是你的错""都是因为你"和"要是……"这样的语句都是"严厉指责"的标志性语言。如果你听到自己说"要是你停下来，我们就都消停了"，或者"要是你的课不用花这么多钱就好了……"，又或者"如果你稍微懂一点点感恩，就会看到……"，就知道自己又在指责孩子了。

指责有时候也与否认有关。我在前面提到过，否认事实只会让孩子拒绝看清现实，对孩子有害无益。而严厉指责孩子是在拒绝同情孩子。因为自己的不满或者只为发泄怒气而指责孩子是残忍且不公平的。不管只是想法还是大声地说出来，都会伤害孩子和你的关系。例如有的家长会说"都因为你我才冲你吼的",或者"是你毁了我的生活",又或者,更极端的例子是:"都是因为你的错,我才打你的!"而看起来似乎不那么严厉,但实际上还是扭曲了事实的指责,就是先道歉而后加一个"但是":"不好意思我迟到了,但是如果不是因为你早上在那里浪费时间,我应该会把一切安排得更好的。"

我曾经接待过妈妈依琳和她的儿子特拉华,依琳对特拉华的指责使他感到非常痛苦。作为母亲,依琳怪儿子的注意缺陷多动障碍、为他做咨询和辅导把家里的经济拖垮了。依琳因为经济的困窘感到痛苦本无可厚非,但她不能因此而迁怒于儿子,用特拉华的话说,妈妈的抱怨让他"感到自己非常愚蠢且毫无个人价值可言"。

当我问依琳:"听到特拉华说自己一无是处,你有什么感觉?"她飞快地回答:"啊!我可不想让他有这种感觉。我只是希望他能主动一点儿,更多地自己照顾自己。"当她告诉我,她并不想因为儿子的疾病而贬低他时,我相信她是真心的。然而,结果却是他真的觉得受到贬低了。

父母指责孩子是因为他们想要找到一个问题的答案,这个问题是:"这件事是谁干的?"而不是:"既然事情发生了,我们该做些什么补救?"责备就意味着家长将有惩罚孩子的意图。这样做只会让孩子变得封闭,也使家长失去了解决冲突的机会,最终让孩子变得充满怨恨。这会导致事态越来越恶化,并有可能导致更多冲突的发生。

经常有家长问我:"如果我指责她,就是因为她犯的错误呢?"我不是说你和孩子的错是一半一半。也许你的孩子确实忘了做什么、忽视了些什么,或者犯了什么错,可那都是他自己的事。而如何看待他的错误并做出反应才是你该负责的事，不是他的。如果你不再纠结于该怪谁，而是将注意力放在事情本身，就会找到更好的解决方案，而不是忙着先去责备孩子。

8. "应该"思维模式

特伦特和简有个12岁的女儿薇琪，她想放弃学体操，夫妇二人担心她会浪费自己的天赋。薇琪去年拿到全州比赛的第3名，但是觉得父母给了她很大的压力。为了她应该怎么做、应该怎么想，她和父母起了争执。

戴维·伯恩斯（David Burns）在《提升自信只需十天》（*Ten Days to Self-Esteem*）和《伯恩斯新情绪疗法》（*Feeling Good*）中讨论了他命名的"应该"思维模式。他指出，那些认为自己"应该"怎么样的想法会让人们感到沮丧和内疚。他解释说，有很多人都认为自己应该做什么和不应该做什么。仿佛他们还是未成年人，如果不做什么或者做了什么就会受到惩罚似的。其实这些想法只会适得其反，这些"应该"和"必须"会让你更想反叛自己，有一种反其道而行之的冲动。阿尔伯特·埃利斯博士是另一位认知心理疗法领域的佼佼者，他提出了一个概念叫"虚幻折磨"：不是遭遇让我们感到痛苦，而是虚幻的感觉使我们感到痛苦。我们对孩子的期望就充满了"应该"和"必须"。但是我们终究只能引导他们走向成功，没办法让成功直接降临到他们头上。

总的来说，那些以"应该"为基础的想法只会造成愤怒和挫败感。"必须""就该"和"得"这几个词也有同样的效果。这些斩钉截铁的说法只会让孩子在无法满足家长期望的时候感到愧疚或者痛苦。

第 3 章 识别九大负面思维模式

我的朋友兼同事詹姆斯·克拉斯蒂斯（James Karustis）将这种思维模式叫作生活在"应该星球"上。他将这个星球描述成这样一个世界，所有事物都应该按照某种方式存在，人们举止得体、通情达理，家长从不需要说"你早就应该知道的！我根本就不应该再告诉你一遍"。

布鲁斯是一个心烦意乱的爸爸，他把自己不守规矩的 13 岁儿子布洛克送到了军校，因为他觉得布洛克应该学学什么是规矩和责任感。结果，布洛克擅自从军校跑了出来，没有达成他爸爸那不切实际的期望。

当孩子让家长感到失望的时候，家长的脑子里就会充满各种孩子"应该"做什么的想法。这是非常有害的，因为它限制了孩子自由思考和自主学习的能力。

当家长们像操控木偶的演员一样操纵孩子，想让孩子成为自己并不想成为的人时，双方都会感到愤怒和沮丧。包含着"应该"的想法来自某种期望，往往与我们自己的童年经历或者过去的感情经历有关。例如，从小被父母告知"要自己解决问题"的妈妈就会机械地告诉女儿，她应该从自己的错误中吸取教训，而不是寻求父母的指导。我们总是不自觉地将这些期望放在自己孩子的身上。

我曾经给一个爸爸提供过咨询，他觉得自己的儿子应该学习法律，然后进家族的律师事务所。大儿子愉快地接受了父亲安排好的道路，小儿子却勇敢地说不。幸运的是，这位父亲分析了自己的期望，认为这虽然是一番好意，却来自主观意愿，没有考虑儿子的感受。最后这位父亲放弃了自己的坚持，决定支持儿子想要成为汽车修理工的想法。这位父亲和儿子就彼此的不同期望进行了探讨，并最终达成相互尊重，他们之间的关系也更加亲近了。

玛丽和她 16 岁的女儿朱迪来找我，因为朱迪受不了父母成天唠叨自己应该跟谁玩，不应该跟谁玩。玛丽觉得朱迪应该换掉自己的朋友，她还觉得朱迪应该学习更努力，在学校成绩更好，那天早上朱迪因为嫌父母唠叨而发脾气简直就是忘恩负义。与此同时，玛丽自己的父母对她的那些应该想法也让她心浮气躁。朱迪在情绪上还不成熟，所以她不能理解父母那些担心和忧虑，只是觉得妈妈怎么那么歧视自己的朋友。

和所有负面想法一样，通常我们意识不到产生了这些"应该"想法。然而它们就在那里，常常源于我们对孩子的那些不切实际、难以企及的期望，而不是他们自己的期盼。

"应该"想法都是些与某些标准相关的严格要求。好的价值观和标准对于健康的亲子关系来说非常重要，但是不讲道理的"应该"只会让你忽视孩子们独特的愿望、能力和良好的意图。对孩子说出的那些"应该"使你无法理解他的真正想法，以及他正在遭受什么样的痛苦。

9. 悲观预言

克莉丝汀被自己 7 岁的儿子乔治气得够呛。还在上 2 年级的乔治总是跟同学打架，为此克莉丝汀头痛不已。她开始觉得乔治一辈子都没法跟同龄人处好关系，也没法好好上学了。"我只能想象情况会越来越糟。"任何两种负面思维模式都能同时出现在克莉丝汀的个案里，她的"应该"想法和"总是或者从不"模式同时出现，结果她的想法就是，"为什么他总是在学校惹是生非？我给了他这么好的机会。结果他总是把事情弄得一团糟。"

克莉丝汀陷入了"悲观预言"的怪圈。这种负面思维模式是指家长夸大了孩子的行为和事件的严重性。孩子只是偶尔不想吃饭，结果家长就以为他患了厌食症。孩子只是有一点点怕黑，结果家长就会想："估计她一辈子都会这样了。"孩子只是有一星期性格暴躁了点儿，结果家长心想："这孩子会毁了整个家。"换一种说法，悲观预言就是高度负面、夸张的预言。这些不理性的想法会使家长无法和孩子一起面对问题。

关于悲观预言，最讽刺的一点是，它们既会导致家长与孩子之间缺乏信任和交流，也会导致家长的恐慌最后竟然成为现实。例如艾尔最近很担心14岁的儿子肖恩，因为肖恩在电脑上待的时间越来越长，本来应该做作业的时间也花在打电脑游戏上。艾尔觉得肖恩肯定成绩好不了了，结果他的担心真的发生了。幸运的是，肖恩和他的父母来找我咨询，制订了新的学习计划，重新规定了学习和玩游戏的时间。

在压力下不堪重负的父母因为孩子的行为而感到失望，就很可能陷入莫名恐慌，进而对孩子的未来产生悲观的预言。这些负面的投射会渗透到孩子生活的方方面面，包括学校（"他肯定会失败，最后会流落街头"）、朋友关系（"她永远也交不到朋友了"），或者家庭关系（"她怎么古里古怪的，我们家不可能再正常了"）。

因为过去经历而有未解决的情绪问题的父母最容易有莫名的恐慌。我提供过咨询的一位母亲就担心自己7岁的儿子脾气不好，会像孩子的舅舅那样因为暴力袭击行为被逮捕。等我帮她看清她儿子和她的哥哥有本质的不同时，她才放下心来。

我们都有各种各样未清除的情绪问题。我知道童年经历非常愉快的人并不多；对于大多数人来说，生活中既有欢乐也有痛苦。有的家长在童年时可能又比别人经历了更多的波折。我见过受到各种童年问题后遗症折磨的家长，例如情绪或者身体问题、成瘾、贫穷、家族精神疾病、身体－形象管理问题、社交困难、学习困难和其他各种问题。这些担心以及挥之不去的焦虑，让他们成年后在亲子关系中陷入负面思维模式。

如果你的父母比较悲观或者负面，也会导致你唱衰自己的孩子。然而，请放心，即使你的童年比较凄惨，也并不意味着孩子就会重复你的命运。不管你在成长过程中有什么样的痛苦经历，生活中总还是有希望的。

我曾经帮助过一位非常有钱的父亲，他叫乔。乔因为他的两个孩子总是忘记关灯而火冒三丈。他小时候家里很穷，父亲经常找不到工作。乔很害怕自己的孩子在成长过程中不知道金钱的价值。他会想："他们永远不会知道挣钱有多难，肯定会把我的钱榨得干干净净。"幸亏乔愿意在我的帮助下看清他的生活与孩子的生活完全是两码事。他开始换了一个角度看问题，也纠正了自己被扭曲的思想。

我常常想起一个妈妈，她曾经在7年级的时候被冰球队的队友排挤过。当她10岁的女儿在足球队受到嘲笑的时候，她变得异常紧张。她几乎是立刻想象女儿不知道如何保护自己。而当这个妈妈将自己那些情感上的包袱清除干净后，她就不再因为这些小事而反应过度，也不再将自己从未意识到的恐惧投射到女儿身上。

家长总会对孩子抱有各种各样的期望。健康的期望鼓励孩子们全力以赴，做到最好。而悲观预言只会让家长大幅降低对孩子的期望甚至完全放弃孩子，因此而造成的情绪上的伤害将破坏孩子解决问题的能力和个人成就感。

对于负面思维的进一步思考

在阅读这九大造成家长紧张情绪的负面思维模式时，你是不是会有恍然大悟的时刻，因为发现这种想法原来自己也有。这是很正常的。但是你需要更多的时间去了解你需要一些帮助来克服哪种或者哪几种思维模式。你也许需要及时"捕捉"自己的负面想法。你也许需要在接下来的一周或者两周里重新审视自己的思维模式。

接下来的章节将重点描述如何放松自己的大脑，理解并回应自己的负面想法。你将看到，我们能轻松地消除这些负面想法。在第6章、第7章学习如何消除负面想法的时候，你可能需要回头复习本章所举的一些例子。请放心，生活中总有希望在，你不用去家庭或者儿童心理治疗师那里（当然，除非你自己选择去）才能获得希望。继续读下去，这是一场你必胜的战役。

总结

通过完成阅读本章，你已经表现出了巨大的勇气，也在获得自我认知以及亲子关系方面取得了重大的进步。通过学习九大负面思维模式，你不会再困惑于孩子为什么那么不听话，你为什么那么累。在继续读下去的同时，请就以下几点进行反思。

- 有负面想法并不意味着你是个糟糕的父亲或者母亲。绝大部分家长都受到负面想法的折磨，窘迫感和羞愧感使他们否认这些想法的存在，也不愿意着手解决问题。
- 负面想法是被扭曲了的感知，它破坏了你理解孩子、与他们进行交流以及解决与孩子之间问题的能力。
- 你对自己的想法有着绝对的控制。当你看清事实、并以事实为基础对孩子做出评价时，其影响是巨大的，孩子也会以事实为基础对你做出评价及反应。
- 通过学习这九大负面思维模式，你已经取得了极大的进步。你不仅爱孩子，而且会更喜欢他，你的躁郁父母综合征也将得到很大的缓解。当你感到挫败或者遇到压力不知道自己真正在想什么的时候，不再需要问为什么。

第  章

化解亲子关系中的压力
Liking the Child You Love

戴安娜有两个孩子。有天她向我抱怨:"这什么时候是个头啊。我感觉孩子和丈夫已经让我筋疲力尽了。"杰瑞米是一位全职爸爸,他也有同样的感触:"每天都要捡两岁的克里斯蒂安扔在地上的东西,有时候感觉我的头都快爆炸了。几个大的放学一回来也是把自己的东西丢得满地都是,我简直要咆哮了。"

戴安娜和杰瑞米的话肯定能引起无数家长的共鸣。你是不是也抱怨过孩子带来的压力太大,而你希望自己能够更冷静一点?

不管你是一个怎样的家长(全职妈妈或者有工作的爸爸,单独抚养孩子或者已婚的父母,有一个或者几个孩子的父母),本章将对你有很大的帮助。我会告诉你如何冷静下来,即使是当你已经压力很大的时候。如果你听从我的建议,通过识别、控制以及清除负面的想法让自己的头脑冷静,你的压力将大大得到缓解。

降低压力水平也将使你遇事不再反应过度,找到自己的情绪中枢,不仅你,你的孩子也将同时受益。想一想:可从来没有一个成年人向我抱怨过他们的父母太冷静、太理解他们,或者太擅长保持冷静了。所以,我将告诉你如何在遇到压力的时候保持冷静,而不是让压力一直附着在自己身上。我告诉我的客户,生活中必须掌握两大重要技巧,一个是自我纾解,一个是解决问题。自我纾解是让自己冷静下来的能力,解决问题则需要具备理性思考，而不是负向思考的能力。

一旦学会了如何让头脑保持冷静，你就能以开放的心态来学习我将在第 5 章介绍的一些技巧。我将向你展示如何听到，从而更能够觉知到脑子里的负面想法。在第 6 章和第 7 章，你将学会另一种截然不同的思维和反应模式。

然而控制负面想法的第一步还是学会如何保持冷静。我们经常告诉自己的孩子要三思而后行。所以我希望你知道，如果你学会了在思考或者对外界的刺激做出反应之前如何放松，停下来，保持更加敏锐的觉知，你跟孩子相处的经历会变得愉快得多。学会让自己放松，对自己的想法有更多感知，能显著降低你的压力。我将分享给你一些非常有用的放松技巧和练习。首先让我们来看看家长面临了哪些压力，以及这些压力的根源。

压力无处不在

在学会如何降低自己的压力之前，你要能完全理解我使用的这个名词到底是什么意思，这一点很重要。对于"压力"我们可以找到无数定义，很多专家也给出了自己的描述。在写作本章的时候，我在网上对"压力"这个词进行了搜索，结果蹦出了 1.73 亿个搜索结果。哇！显然，这个搜索很热门，也可见大家对压力的定义还有些分歧。不管你所理解的压力是什么，我们都不愿意看到压力的存在。而我所说的"压力"，指的是因某种强烈的感觉而带来的情绪上的不快。本章将告诉你所有你应该了解的关于压力的一切，以及如何控制压力。

救命！我感觉自己失控了

一个更实用、更有帮助的理解压力的方法，就是将它看作我们对于使自己失去某种平衡的事件在心理和生理上的回应。当你感觉失去了平衡的时候，你就会失控。这就是压力的根源！

不管信不信，你对压力的感觉其实是为了保护和支持自己。当我们的祖先还处于石器时代时，为了能面临生死考验，例如受到饥饿的剑齿虎攻击时能够生存，他们的身体发展出了这套反应机制。当然，现代我们不太可能遭遇到剑齿虎。但是当孩子不讲道理的时候，你也许觉得驯服一只老虎都比驯服孩子容易。

当我们感受到某种威胁，无论这种威胁针对的是我们的人身安全还是情绪平衡，身体都会进入防御模式。这是一种快速、自动的程序，被人们称为"战斗或逃跑"的反应方式。我们都知道这个时候是什么感觉：心跳很快，肌肉紧张，呼吸加速，每个感官都处于高度戒备状态。经常处于极度恐慌的人常有这种反应，而在一段时间内逐渐发生的事件不会激起这种反应。

在下节"进一步了解你身体的压力反应机制"中，你将知道感到很大压力的时候，你的身体有什么反应。你将看到，承受压力与很多复杂的机制有关。

进一步了解你身体的压力反应机制

"战斗或逃跑"的反应模式涉及一系列生理变化，这些变化使我们能够应付紧急情况的出现。当大脑感知到危险的存在，你的交感神经系统就会释放大量应激激素，包括肾上腺素、去甲肾上腺素和皮质醇。这些应激激素迅速进血液，使你能够迅速逃离或者进入战斗状态。

你的心跳和血液向大肌肉的流动速度加快，这样你就能够跑得更快并更有力地迎接战斗。你皮下的血管会收缩，以防受伤时流血；你的瞳孔会扩大，这样视线更加清晰；你的血糖将升高，使你的力量迅速增大，反应速度也更快。与此同时，任何与生存无关的生理活动都会受到抑制。消化和生殖系统的运行速度降低，生长激素停止分泌，免疫系统也受到抑制。

做家长的压力无处可逃

当孩子不听话的时候，他当然不会像一只危险的野兽一样对你产生威胁。然而，你最原始的压力反应机制还是会被激活，因为你感觉对自己失去了控制。难道你没发现孩子都是让我们情绪失控的高手吗？例如你的孩子会一个同样的问题问你300遍。或者你上中学的大儿子发现自己应该"责无旁贷"地欺负弟弟，这样可以帮助弟弟变得更坚强。又或者你上高中的女儿一个半小时前就应该跟朋友分开回到家里了，结果到现在都没有联系你。首先，你会祈祷孩子是安全的，然后你就会告诉自己，一旦她安全了，你就会好好地教训她一顿。

一个客户有一次向我描述做父母的感受，就像是醒来的时候发现自己站在悬崖边，双臂张开，同时祈祷不要有一阵大风把自己吹下悬崖。这是多么生动的景象！即使没有感到有那么大的压力，大部分家长也会时不时有这种不知所措的感觉。

在这里我要简单直白地说，做父母的压力主要来自我们想要掌控自己无法掌控的一切。我们永远无法指挥孩子的一言一行，或者让他的生活变得和我们要求的一模一样。看见孩子犯错误，不断吸取各种教训已经足够让你恨不得把头发都薅下来了。

压力之下隐藏的原因

那么当孩子做了让你失望的事情时，是谁使你感觉到压力的存在？是谁使你感觉想把头发都薅下来？你也许认为答案很简单，不就是那些制造冲突的孩子们嘛。错！这个让你感到压力的人其实是……你自己。少安毋躁，我也是一个父亲。我过去也一直以为是孩子惹我生气的。但事情并非如此。

指责孩子让你感到生气，能让你觉得问心无愧。它使得我们不需要为自己的想法和感觉负责。但是作为成年人，我们必须丢掉这种"受害者"的心态，直面现实。事实是，如何看待孩子的行为决定了你生气与否。孩子可不是那个告诉你该怎么感觉或者反应的人。这些都来自你的大脑。

如果接受是你让自己感到压力很大这一点不容易，那么回想一下上一章我介绍的九大负面思维模式。那些消极的思维模式才是真正让你郁闷、压力山大的罪魁祸首。一旦学着用更正向、更灵活的方式去思考，你的压力将会越来越小，躁郁父母综合征的症状也会越来越轻。学会通过宽慰自己来减少压力，你将更容易听到自己的那些负面想法并将它们彻底消灭。

焦躁的父母会给孩子带来压力

让自己被压力控制的最严重后果是：你的孩子将受到这些压力的困扰。当你处于压力之下，你的孩子通常会有几种反应：他可能会变得消极逃避，悲伤、沮丧、困惑或者愤怒。记住，他可能没有自我觉知以及反抗你所感受到的压力的能力。

在为客户做咨询和治疗的过程中，我见过一些因为做了错误的选择而悔恨不已的孩子。我也见过他们焦虑的父母，这些父母祈求孩子能变得更加诚实，这样他们就能理解和孩子之间到底出了什么问题。其实问题就在于当父母总是处于紧张状态时，孩子会变得不愿意与他们分享自己的想法和情绪。孩子害怕一旦这样做了，会招来父母的责骂或者更大的麻烦。

就在我写作本章的时候，我自己的一个孩子让我知道，我已经无意识地陷入长篇大论模式了。我本来可以认真倾听孩子的感受，但是我没有。我非常焦虑，以为不停地批评孩子能有点儿作用。但是我很快意识到，对孩子的教训实际上只是暴露了我自己的负面想法和压力。一旦开始接受将自己的想法强压到孩子身上并不是解决问题的办法，我便开始改变做法。我告诉她，我将闭上嘴，张开耳朵，倾听她的心声。我们坐在一起沉默了大约五分钟（对我来说简直像五个小时）。我尽量让自己对孩子不再有过高要求，不那么咄咄逼人，我自己觉得压力也小多了。我的女儿于是开始向我吐露心声。你也想想吧。

无论压力使你长篇大论、喋喋不休、尖叫失声、沉默寡言还是暴躁易怒，这些都让你无法成为一个称职的家长。尽量减轻自己的压力，察觉自己的负面想法，能让你和孩子之间保持顺畅的沟通。你们交流得越多，就会越喜欢彼此。但是除非你首先敞开自己，处理自己的压力，否则很难让自己和孩子之间的沟通模式出现良性改变。

我们很多人都有一种错误观念，以为家是个（或者应该是个）没有压力的地方，是个永远充满和平和宁静的港湾。我们的生活就应该充满各种欢乐。但是有时候拼命让生活保持平衡，只会让你感到莫大的压力，简直无法呼吸。但是不要害怕，你真的可以减轻自己的压力，尤其是当你承认它的存在并且着手予以解决的时候。

最近的研究显示，压力过大的父母有可能弱化孩子的免疫系统，可见家长和孩子之间在情绪上有着紧密的联系。执业这么多年，我已经见证过1000多个孩子因为家长有效控制了自己的压力而受益良多。

降低压力水平也会使你控制自己的负面思想。以积极的方式控制自己的压力，也将给你的孩子上宝贵的一课。来找我咨询的很多成年人都告诉我，他们的父母也无法控制自己的焦虑情绪。要摆脱这些负面的思维模式和情绪确实很难，但获得的回报是更加和谐、更加快乐的亲子关系。你将成为孩子最好的榜样。

带孩子不是你唯一的压力

除了孩子，你的压力主要来自周遭的人和事务。只需举几个例子，婚姻暴力或者离婚，讨老板的欢心，经济困难，与自己的原生家庭相处等，这些都可能压得你喘不过气来。让我们来快速看一遍，除了带孩子，还有哪些事让你觉得压力重重。本章中介绍的信息和策略对于应对每一种压力都非常有效。

婚姻或者伴侣关系压力

在这个每个人活着都不容易的世界，一段令人满意的婚姻几乎是每个人都想拥有的财富。然而，所有的婚姻或者伴侣关系都面临着压力。在养育孩子的同时又要让两人的爱情永远保持新鲜并不容易。总是理所当然地认为对方应该以自己为重，对彼此抱有不切实际的幻想是所有夫妻或者情侣都需要克服的最大困难。

处理婚姻或者伴侣关系带来的压力很重要，因为（和其他压力一样）逃避这些问题的存在只会让事态恶化。晚上十一点半才到我办公室来面对自己问题的夫妻如果想要挽救自己的婚姻，肯定没法像那些积极主动解决问题的夫妻那样容易。糟糕的婚姻关系对孩子的伤害和对伴侣的伤害程度是一样的。父母给孩子最好的礼物就是处理好两人之间的关系。

工作压力

压力的一个重要来源就是工作。严苛的老板、竞争力强的同事、麻烦的客户都能让你把工作看作一场灾难。然而，并不是只有日常的工作能导致压力的产生。实际上，仅仅是担心在这个充满竞争的世界里能否留住一份工作就够让人觉得压力山大了。不幸的是，工作压力本身以及失业的可能性加在一起形成了一种恶性循环，让人们觉得只有更加努力工作才能保住工作，结果只能是让自己变得更加焦虑。

经济压力

对家长来说，金钱是压力的另一重要来源。大部分家长觉得家里的钱总是不够花。房贷（或者房租）、买车、信用卡和其他生活开销都能够让已经疲于奔命的家长心理失衡。很多夫妻都觉得金钱带来的压力越来越高，似乎找不到出路。量入为出、从信誉良好的财务顾问那里获取可靠的建议，能够帮助你获得经济上的稳定并减轻你的压力。

家庭问题

作为成年人，我们比自己的孩子更成熟，但这也意味着我们自己的原生家庭会遗留给我们一些包袱。处于夹心层的家长既要满足孩子的需要，又要应付年迈的父母，这就很可能导致问题的出现。在很多个案中，家长和自己的岳家或者婆家也会发生龃龉。这些冲突会破坏伴侣之间的忠诚，如果不能智慧地去处理和看待，也会增加你和孩子之间的问题。

17 个有效减少家长压力的方法

既然我们已经了解了什么是压力以及压力的来源，是学习如何减轻压力的时候了。以下列举的方法也许并不全面，但对于那些被压力困扰的父母却是非常有用的。

如果没有被压力压得喘不过气来，你会觉得自己的孩子可爱得多。你所感到的压力越小，就会对自己做家长的表现越满意。一旦焦虑和担心减少，你的负面想法也会少得多，你就越能够觉知那些负面想法并克服它们。以积极的方式应对自己的压力，也给了孩子非常宝贵的经验。很多成年人都曾经向我诉说在充满焦虑的家长身边长大非常艰难，因为这些家长从不会教孩子如何有效地应对生活中遇到的困难。

要学会如何减少压力，你需要以更积极的应对机制替代以前那些不健康、负面的应对机制。即使你很幸运，父母给你树立了克服困难的优秀榜样，学会更有效地应对压力的方法对你也没有坏处。以下是17条经过时间验证的策略，能够帮助你减轻压力、放松身心，并为下一步清除自己的负面想法做好准备。

1. 深呼吸让头脑清醒

呼吸是一种很好的方法，可以让自己的思绪慢下来，更好地觉察大脑中的各种想法。它能降低压力，是因为它能让你脑子里飞速掠过的各种想法和感觉慢下来。

对于这种所谓的"觉知"，你一开始可能会有疑问。也许你会问，这与负面思维模式有什么关系，又怎么会让孩子变得乖乖听话呢？我向你保证，一旦你体验过了让大脑充满觉知，就会发现这种头脑的清晰感非常惊人。你感受到的压力越小，孩子就会越以你为榜样，他们感受到的压力也会随之减少。你会有惊喜的。

在"通过呼吸成为更有觉知能力的父母"这一小节中，提高觉知能力最简单的方法就是学会带着觉知呼吸。当你发现自己产生了某个负面想法后，请记住一定要深呼吸。是的，这个方法很简单，但简单即美。深呼吸能够让你冷静下来，思考的速度也慢下来。下次你感到心烦或者愤怒的时候，专注于自己的呼吸。你也许会发现自己的胸或者喉咙堵得慌。当我们感受到压力的时候，身体会自动停止呼吸或者呼吸极浅。当你缓慢地呼吸时，就很难再保持原来那些负面想法。哈佛毕业的著名医生安德鲁·韦尔（Andrew Weil）博士就将呼吸视作"自我疗愈的关键"。

我想起了特洛伊，他是一位前职业橄榄球运动员，也是我的一位小客户的爸爸。特洛伊经常因为一点点小事就大发雷霆，他的儿子为此感到非常难过，他的婚姻因此也濒临破裂。当我问特洛伊，他是否愿意做一些深呼吸练习来有觉知地减少自己的压力和愤怒时，他盯着我的样子就像我把他当成了白痴。然而，很快特洛伊就激动地发现，他可以通过深呼吸极大地减少自己的压力、躁郁父母综合征的症状以及愤怒情绪。不仅如此，他的妻子也非常感激我向特洛伊介绍了这种方法。

通过呼吸成为更有觉知力的父母

我必须指出很重要的一点，大部分人都习惯性地呼吸很短、很浅，并导致身体无法获得新鲜空气，身体组织无法充分氧化，并且肌肉紧张。所以，你得知道深呼吸能让你一举两得：既能让你变得更有觉知力，也能获得身体健康。下面是带着觉知去呼吸的具体步骤。

⑨ 用鼻子深呼吸，从一数到四。

- 想象你呼吸的空气缓慢地进入鼻子，经过喉咙和器官，然后进入你的胃。
- 吸气的时候，让你的胃和胸随着空气扩张。
- 屏住呼吸，从一数到四。
- 缓慢呼气，从一数到八，观想你的呼吸从胃到喉咙和气管，再到嘴（你甚至可以在呼气的时候说出"冷静"这个词）。
- 重复这个过程至少三次，或者直到你冷静下来。

2. 带着感激去养育孩子

我知道你肯定想一切能变得越简单越好。是不是其他父母看起来都比你轻松？也许你的邻居会有父母帮忙洗衣服或者带孩子。也许有的从父母那继承了一大笔遗产。也许照顾一个孩子比照顾三个轻松多了。

这些都没错。一旦成为父母，你的生活就变得复杂了。也许跟别人比起来，你的生活异常艰难。然而，大部分压力都来自不切实际的期望。所以你能想得到吧？希望生活更轻松的结果反而是让生活变得更加悲惨。

要学会心怀感激地看待一切。你做得越多，感到的压力就越小。作为一名心理学家从业的这几十年里，我听过和见过很多悲剧故事，包括疾病、意外死亡、自杀、吸毒成瘾，等等。所以达观地看待你的问题吧：有一个抱怨新鞋不够酷的孩子，总比有一个不会走路的孩子强吧？

也许你在想："好吧，杰夫博士，这种感激确实有道理，但是它真的有用吗？"或者你也许相信它有用，但可能只是暂时的。你的想法不错，无论是否心怀感激，我们的生活总有起起落落。但我只是提醒你去珍惜已经拥有的，而不是整天想着自己没有的，或者奢望自己要是有就好了。当你为了孩子仅仅是健康地活着就非常开心的时候，要喜欢他就容易多了。

如果你意识到与孩子的关系出了问题，你理想中的温馨家庭就会分崩离析，那么我会建议你在应对变化的时候适时反省。中国有句古话说："塞翁失马，焉知非福。"只要想到这一点，你的压力就会小多了。

3. 给自己积极的能量

很早以前我就发现，每天早上醒来，脑子里的第一个念头对这一天的影响很大。我鼓励你每天早上做一点练习，让自己有一个积极的心态。如果你愿意祈祷或者信奉某个宗教，那就求助于自己的信仰。也许浇花能让你神清气爽。或者在健身器材上锻炼能让你收获心情的愉快和内心的平静。

我们并不仅仅是要在醒来的时候保持积极的心态，而且需要长期保持这种状态。我们在每天的生活中都会遇到不少挑战，要让这一整天都精神满满也很重要。

心随意动，只要你努力寻找，这个世界就充满了正能量。至于哪里能寻找到正能量，你也许只有些模糊的概念，我的建议是，每天都做些自己真正喜欢的事。我举了几个例子，并特地留了一些空白等你来填满。

- 读一些具有激励作用的文章
- 看一部喜欢的电影
- 听让自己心情愉快的音乐
- 给一位久未交谈的朋友打电话

- 观察一些举止优雅的年轻家庭和孩子，从他们那里吸收正能量
- _____
- _____
- _____
- _____

除了养成正面、积极的心态，避免负面、消极的心态也很重要。不要对自己有任何负面的想法，例如"我太老了，不能……"或者"我太胖了，不能……"等。你也许还记得第 3 章中提到的一个词——"应该"，它也给我们的生活制造了很多压力。试着将这个词以及其他充满负能量的词（例如"讨厌"）从你的字典里去掉。相信绝大多数人都在尽力更好地生活。我发现每天坚持锻炼、与朋友交谈、想一些让自己高兴的事也很有帮助。

4. 问自己，"最坏又能发生什么呢？"

很多压力都来自这样一句话，就是"如果……怎么办？"最好的解决办法就是问自己："最坏能发生什么呢？"分清楚哪些事情值得担心，哪些不值得。这叫作聪明地选择敌人。一个让自己对无法控制的事情释怀的最好办法就是默念：

神啊，请赐予我勇气去改变我所能改变的，

赐予我平静去接受我不能改变的，

并赐予我智慧去分辨两者的不同。

5. 做好准备

童子军有一句座右铭：为即将到来的一切做好准备。遵循这种精神，我们应该保持冷静，为即将到来的一切预先做好准备。在头天晚上就为第二天早上的忙乱做好准备，就像带着4个上小学的孩子的离异妈妈帕姆所做的那样，她总是在头天晚上就布置好餐桌，做好第二天的中饭，把孩子们的书包和学习用品整理好。她发现预先做好规划有助于避免第二天上学前的混乱。

为成功做好准备也意味着为可能到来的失败做好准备。我们都知道拖延会带来更多的压力，所以请做到今日事今日毕。以下是一些帮助你做好准备的小贴士。

- 记住，拒绝别人并不代表你就是一个坏人。我辅导过一位疲于奔命的父亲，他的名字叫唐。我告诉他，如果没有时间或者精力完成更多的项目和工作要求，或者参加更多的社会活动和朋友的邀约，那就勇敢拒绝。当然，这需要一些练习，但是唐发现，他反而因此赢得了其他人的尊敬，因为他能够更明智地判断哪些才是自己真正需要投入时间和精力的事情。
- 如果可能的话，提前为你的车和电器设备进行预防性保养。随时掌握保养时间表，能让你避免因为突发状况而不知所措。
- 为自己害怕参加的活动提前做好准备。例如，我的成年客户柯克就发现向公司高管做报告之前预先练习很有帮助。柯克发现，花点时间在脑子里将汇报的每个部分都预演一遍太重要了。他想象着自己会穿什么衣服，他的听众会长什么样子，他会怎么做报告，听众会问什么问题，他又会怎么回答。毫不意外，真正做完报告后，那些高管告诉他，他的报告非常成功。

- 将自己的家里和工作场所布置得井井有条，这样就总能知道东西放在什么位置了。我个人就不太擅长整理。所以，拿了东西之后放回原处就减少了担心东西丢失的压力。
- 在经济条件允许的前提下，所有东西都备两份，例如手电筒、隐形眼镜、铅笔（和橡皮）、钥匙、指甲剪、钢笔等。
- 不要让油箱剩余油量少于1/4。（顺便说一声，如果哪天你发现我推着一辆油箱空空的车在路上走，请记得告诉我，我跟你们说过这句话。）
- 不要等到硬币或者邮票用完了再去买。
- 如果哪样东西不好用就赶紧修换。如果你的闹钟、钱包、鞋带、雨刮器或者任何一样需要频繁使用的东西不好用，要么赶紧修，要么就换掉。客户雪莉是三胞胎的妈妈，她管自己叫职业投手，只要是所有不需要又占地方的东西，她都会处理掉（扔掉或者捐出去）。在她的启发下，我也开始像她一样。

6. 写下来

不论是用手头的电子设备还是用老式的本子和笔，请将各种安排和约会的时间记下来，包括什么时候去拿干洗的衣服，从图书馆借的书什么时候到期，以及诸如此类的信息。我在和一位朋友讨论这一章的时候，他就和我分享了一句古老的中国谚语："好记性不如烂笔头！"

7. 锻炼身体

锻炼身体的重要性无须我赘述。它已经无数次振奋了我的精神。锻炼身体有太多好处，以下是一些更受到广泛认可的益处：

- 锻炼能减少罹患心脏病、高血压、骨质疏松、糖尿病和肥胖的概率
- 锻炼能保持关节、肌腱和韧带的灵活，使人能灵活地走动
- 锻炼能降低衰老的影响
- 锻炼有助于人们保持心理健康以及治疗抑郁症
- 锻炼有助于减少压力和焦虑
- 锻炼能提高你的体力和耐久度
- 锻炼能让你睡得更好
- 锻炼能帮助你通过增加新陈代谢（你消耗卡路里的速度）保持正常的体重。

8. 没有浪费时间这回事

对时间的感知导致你感到了时间带来的压力。我们大部分人会在还有时间的时候浪费大量时间担心时间不够，而无法享受一些珍贵的时刻。多年前，我在一行禅师的寺庙里待了一周，得到了很多宝贵的教诲。例如，他建议我们下次要是遇到红灯，不要着急，而是保持冷静，将注意力放在自己的呼吸上，一边微笑，一边想着或者大声地说："吸气，我让自己的身体保持静定。呼气，我微笑。"这个时候红灯"就变成了一个朋友，让我们

记住只在这个当下里,我们有觉知地活着"。

时间管理来自对你自己抱有的期望的管理。做好等待的准备。一本书或者杂志也能让在医院或者邮局的等待变得愉快。记住以下几点,你能立刻减少因时间带来的焦虑:

- 接受总有些事情是在进行中的,还没有完成。
- 定期重新检查自己对家庭卫生的标准是否过高或者过低。
- 购买帮你节省时间的商品和服务。
- 这个世界没有所谓的"超人爸爸"或者"超人妈妈",不要被这种错误观念所困扰。放松对自己的要求。如果这周末没有完成计划好的事情,天也不会塌下来。
- 完成任务时给自己奖赏,即使只是很小的一件事情。
- 不要随意承诺完成一件事情,要慎重选择。
- 不要花太多时间煲电话粥。

9. 你"真的需要"吗

你不希望孩子冲动地穿过一条繁忙的马路或者不小心踩到碎玻璃上,这些才是你真正需要孩子听你的话的时候。但是除了人身安全和其他基本的生活需要问题(食物、水、栖身之地),记住大部分我们需要孩子听话的事情都不是那么紧迫。你越不那么在意这些事情,你的压力来源就越少。

赛琳是我的一个客户,她很希望自己的女儿在学校能够努力学习。你也许会说，当然了，这是人之常情。哪个家长不希望自己的孩子在学校能够认真学习？然而让赛琳倍感压力的是，她总是希望过度外向的女儿能够改变学习习惯。

　　我们的孩子总会把这种"希望"当成一种控制。尤其是处于青春期的孩子，当他们觉得被逼着做某件事的时候就很容易反叛。要避免与他们发生冲突最好的办法就是记住：你的要求只是希望，并非必须。将自己对孩子学习成绩的期望保持在合理的水平；鼓励孩子努力争取，尽量迎接各种挑战，但是不要强迫他们去做太困难或者会打击自尊的事情。最后，他们终将从自己的错误而不是你的保护中得到更好的教训。赛琳的女儿缇娜就告诉我，当妈妈没那么烦她的时候，她反而想要更努力地学习。

10. 灵活应变

　　一成不变的观念会增加你的压力。生活中充满了挑战，但保持一种灵活的生活态度将帮助你适应那些不可避免的高低起伏。"与时俱进"这句话就很有智慧，生活中总是计划赶不上变化，任何人都不能保证你的生活能完全按照计划来。失业、亲子关系出现问题、健康堪忧或者亲人离世都是生活中必须要经历的一部分。当生活的走向与你预期的不一样时，看看下面这些帮助你保持灵活生活态度的小贴士。

- 走出自己的舒适区，拥抱变化。变化在生活中无处不在，欣然接受它们需要巨大的勇气和力量。毕竟，变化会带给我们新的体验，而我们对于未知的东西总是会感到惧怕。变化也是一种好的兆头，因为生活不是一潭死水，而是不停地朝不同的方向前进。如果允许生活将我们带到这些地方，会少一点遗憾，多一点快乐，因为我们能够体验一种新的视角，并且更好地感激我们所拥有的或者没有的。

- 享受旅程。有清晰的目标很好，但是随性地享受整个旅途更棒。如果总是想要做点什么、成就点什么或者得到点什么，你也许会丢失自己，不知道真正的自己是什么样子。所以记住，要在生命的旅途中享受生活，爱你爱的人。

- 放低小我。有时候我们把一切看得太严重了。是的，有时候我们很容易就充满挫败感，但是当你感到挫败的时候，试着在情绪上保持冷静，能使你不再反应过度。这有助于你更仔细、更客观地审视自己做出的选择。

- 对不同的结果保持期待。如果期望生活总是能够如我们所想，我们就无法带着开放的心态接受其他可能性了。期待落空时，我们会茫然若失，不知道该转向哪个方向。如果我们能够接受自己的行为可能会带来不同的结果，那么就会对生活中任何遭遇都有所准备，不管这些遭遇是好的还是坏的。不仅如此，其实这些遭遇是好是坏，也在于你如何定义。如果你在即将与孩子发生冲突时保持冷静、意志坚定、充满包容并放弃对孩子的控制，那么冲突也就会被及时避免。

11. 保持充足的睡眠

晚上好好地睡一觉能让你更好地应对第二天的压力。身体疲劳的时候，你会比较没有耐性，也很容易被激怒。大部分成年人每晚都需要七八个小时的睡眠时间。保持良好的睡眠习惯再加上一些减轻压力的小技巧，能帮助你改善睡眠质量。压力很大的时候，晚上给自己留一小段完全放松的时间是很有好处的。你可以试试以下这些方法。

- 用日记的形式把要处理的事情列一个清单
- 泡个热水澡
- 缓慢、放松地深呼吸
- 祈祷
- 想象自己躺在一团柔软、白色、蓬松的云朵上
- 做瑜伽或者身体拉伸练习

但是现在还不能睡着哦——这一章就快完了。

12. 写下来

前面我曾经提到过，将所有需要处理的事情有条理地记录下来，从而减轻自己的压力非常重要。正如锻炼身体能降低你的压力值，将脑子里的各种想法记下来也能产生同样的效果。我从1993年起就开始记日记，一开始是每天记，后来就懈怠了。我向一个朋友提起我没法坚持写日记，因为我发现每天要写点什么并不容易。朋友睿智地提点我，不必被责任感所束缚，想写的时候再写好了。

我很骄傲，因为我现在仍然在坚持写日记。有几年我差不多每年记了

100多则，而有几年每年只有几十则。我总觉得，（在日记本上或者一张随手可扔的纸上）写下自己的想法和感觉时，就好像有魔法发生了。我的脑子突然清醒了，并且开始从一个新的角度看待问题。有时候日记只是一种情绪的发泄，而别的时候更加积极正向。最棒的是，你想要你的日记是什么样子，它就能变成什么样子。别忘了把它放在一个谁也找不到的地方，写的内容也需要小心点，以防被谁，尤其是你的孩子看到。

13. 说出来

陷入困境的人总觉得找不到人诉说自己的痛苦。一定要与一位值得信赖的朋友讨论你的问题，或者如果需要的话，找一位专业心理咨询人士帮你厘清自己的头脑，这样你就能够专注于如何解决问题。作为一位心理学家，我一次次见证当人们获得理解的时候，他们脸上露出的如释重负的微笑。

14. 少说话也很好

与别人，尤其是与孩子交流的时候，最好是少说多听。最近，斯科特的爸爸丹尼斯对我说了这么一番话："杰夫博士，你知道吗，我现在意识到了自己的任务就是引导斯科特，而不是一直将我的意志强加到他头上。"我笑了，告诉丹尼斯，能听到他说终于"明白"了这一点是多么令人高兴。你倾听得越多，你的孩子就越愿意告诉你他们遇到了什么困扰。你越居高临下地教训他们，他们就会越封闭自己的内心。孩子和你分享得越多，你就越不用担心不知道他们脑子里在想什么，压力当然就越小了。

15. 帮助别人

我们越帮助别人，自己的感觉也会越好。为有需要的人送点儿吃的，进电梯的时候帮别人把住门，向陌生人微笑。把注意力放在理解别人上，而不是被别人理解；把注意力集中于爱别人而不是被爱。很多哲学家和学者都曾谈到，给别人带来幸福的人也会让自己更幸福。

16. 暂停时间

我一位12岁的小客户给那些"气急败坏"的家长们如下建议："如果孩子惹你生气了，不要大吼或者尖叫。相反，走进你的房间，锁上门，在发飙之前先好好想想。"

黛德拉有三个年幼的小孩，每次面对淘气的孩子使她快要失控的时候，她就会给自己一段暂停的时间。我鼓励她在控制不住就要爆发的当口回忆一下孩子出生前她多么想要这个孩子，孩子小时候是多么天真无邪，她又是多么爱这个孩子。一次她女儿把沾满了肉汁的勺子扔出去的时候，她使用了我教她的这个方法。采取行动前让自己暂停一小会儿，能让你想要尖叫的情绪灰飞烟灭。

17. 逃离一成不变的生活

为期一周的家庭旅行最好了，但有时候你需要的可能不仅仅是每年一两次的休假。偶尔早上一家人一起出去吃个早餐，打破一成不变的生活。或者去打一场迷你高尔夫，高尔夫练习场也是减轻躁郁父母综合征的好地方。

时不时地出去玩一玩或者吃点儿好东西能让你从单调的生活中跳出来，有时候甚至可以允许自己到处闲逛，什么也不干。看看本地带游泳池的酒店有没有打折。你也可以在晚上把电视机、手机和电脑统统关掉，做一顿简单的晚餐或者点外卖，给孩子们讲故事，和他们玩玩牌或者做游戏。青春期的孩子可能一开始会觉得怪怪的，但他们其实很喜欢家中的生活能够出现一些变化。

在自己家以及父母家创造一些家庭传统。一年中挑一两个非节假日的晚上，大家每个人做一道菜聚到一起吃。跟大家分享一下最近发生了什么，发明一些每个人都可以参与的有趣的游戏。或者玩玩掷马蹄铁、垒球和羽毛球，什么都可以。玩什么不重要，重要的是大家相聚的时光，这个时候其乐融融，寻常生活中所有的压力都烟消云散。

总结

读到这里，你的压力应该越来越小了。继续往下读的时候，请记住如下几点，它们能够帮助你有效控制压力：

- 家长们所感受的压力不容忽视，应予以认真对待。
- 压力来自情绪失衡以及失控。
- 你越能控制自己的压力，就越能跟孩子处好关系。
- 如果使用本章介绍的策略，你的压力水平将显著降低。

第 5 章

提高觉知力

Liking the Child You Love

也许到现在你还不太相信自己是那种有负面想法的家长。那么你有没有曾经被自己对孩子的激动反应吓呆过？你有没有对自己说过"我真的不知道在想什么，我就想逃走"，或者"我就是这么爆发了"？从现在起，你不再茫然而不知道自己在想什么。本章将教你如何提高对自己想法的觉知力。你不会再纳闷自己的脑子里在想什么。

我们的行为靠思想来驱动，并不仅仅是在亲子关系中如此，我们在生活中各方面的行为都受到思想的控制。一个参加全国联赛的棒球选手如果害怕自己会出局，那么比起那些不相信自己会出局的选手，这个所承受的风险就大得多。一个推销员如果对客户充满了各种消极想法，就会很难为达成交易注入积极能量。最后，但也是最重要的，一个对孩子抱有各种负面想法的家长肯定会去消极地评判自己的孩子，冲孩子发脾气，或者出现躁郁父母综合征的症状。

在第 3 章中，我介绍了父母最容易出现的九大负面想法。而在第 4 章中，我帮助你们学会了如何放松自己的大脑。学会通过使用这些策略和工具让自己放松、宽慰自己，会让你成为一个更具觉知力的家长。我们将在本章中具体看看什么是"觉知力"，它又如何能帮助你迅速察觉头脑中出现的负面想法。

拥有觉知力的好处

拥有觉知力能让你真正注意到自己的负面想法，也能让你更成熟地与自己的孩子交流。有了觉知力，你不再因为育儿方面的压力而抑郁或者沮丧，或者变成一个脾气暴躁、动辄大发雷霆的家长。你的觉知力越强，不管是对自己，还是对孩子都会越有耐心。

觉知力让你在工作上也更有智慧，事半功倍。提高觉知力的努力没有尽头，尤其是在察觉孩子的需求这方面。我们越能够倾听以及理解孩子、觉察自己的想法，就越能学会接受他们的个性以及他们的决定。我们最终将支持他们，而不是愚蠢地损害他们的利益。

觉知自己负面想法的四个步骤

以下四个简单的步骤将帮助你提高作为家长的觉知力。这几步做起来非常容易，你需要做的只是带着兴趣继续读下去，并且保持开放的心态。

形成觉察自己想法的习惯

我们的大脑非常独特，所以才有了千差万别的个体。可是不管你有多么独特，你和我也还是有些相似之处。你是习惯的产物。我们都是习惯的产物。尽管不是机器人，但我们在很大程度上有着固定的思维和行为模式。实际上，从每天早上醒过来开始，我们做的、吃的和想的东西和前一天都几乎是一样的。

从工作方式到刷牙，再到喝咖啡，几乎每件事情我们都要依赖自己的习惯——你是不是都不记得自己怎么开车到的公司了？这就是习惯的力量。毫无疑问，习惯非常有用，因为我们能因此节省时间，并对各种事件尤其是每日例行的任务做出快速反应。如果我们做每件事情都要像第一次开始的时候那样仔细想一想，我们的生活绝对会乱套。你能在下面列举一些对你的生活有用的习惯吗？

_____

_____

_____

我们都有一些想要改变的习惯。你能在下面列举一些希望改变的习惯吗？

_____

_____

_____

_____

思维模式也是习惯

从以上的练习中我们可以看出，有些习惯是健康的，对我们也很有用。但同时，有些习惯对我们没有帮助。再看一眼前言中那些负面想法。如果你有了这些思维模式，你的亲子关系肯定不会太好。

那么如何才能摆脱这些负面的思维模式呢？仅仅出于"应该"这么做

的想法而去创造新的思维模式一般不太能奏效。相反,你应该将注意力放在因为哪些具体原因,你想要改变那些有害思维模式这一点上。这样才能赋予你能量去做出真正的改变,而不会因为给自己太大压力而导致反弹。

为了增强意志力,你可以把促使自己消除负面想法的原因写在下面。也许你是想减少与孩子之间的冲突,也许是想更好地了解自己的孩子,也许是想有一段更坦诚的亲子关系。写下这些原因的同时,你可以思考下面这些问题:让自己的思想变得更加正面、积极会如何影响你生活中的其他方面?它又会如何影响你的伴侣、孩子、工作、收入、社交和身体健康?做这个练习的时候,你考虑得越全面,就会越了解积极思维的好处,改变思维模式也会变得更容易。尽量写得多一点儿,直到你实在想不出没有积极思维模式时你的生活将是什么样子。

_____

_____

_____

为了改变你的惯有思维模式,你得先知道自己在想些什么。这种觉知力将帮助你改变自己的思维和情绪模式。你将从一个思维消极、反应过度的家长转变为一个能将消极思想消灭在萌芽状态的家长。

记住使用我在第 4 章介绍的帮助你放松大脑的工具。坚持第 4 章以及本章介绍的练习至少 21 天。因为研究表明,一个新的习惯的形成需要三周的时间。齐格·金克拉(Zig Ziglar)是一位著名的成功学大师和演说家,他曾说过这样一句充满智慧的话:"人们常常说,只有动机的话,一件事情坚持不了多久。洗澡不也是吗？这就是我们为什么要推荐大家每天洗澡，因为习惯成自然嘛。"也许你现在发现自己脑子里时时刻刻都是负面想法，你需要的是用至少几周时间来让自己放松身心、提高专注力，改变负面的思维模式。活到现在，估计你几乎没怎么注意过自己脑子里的自言自语。形成新的习惯需要一些时间。请按照下面四个步骤来觉察并且停止自己的负面想法。

第一步：倾听你的负面想法

我猜看到那九大负面思维模式的时候你已经在想："天哪，我真的那么想的！"我希望你读到本章的时候，已经开始试着捕捉自己的负面想法。如果真的是这样的话那就太好了。如果你还没有意识到自己的消极思想，也许需要一些时间来注意到它们。这也没关系。不管你是想要更好地觉察自己的负面想法还是仍然在寻找，本页介绍的一些练习都对你非常有用。

很多家长已经习惯于以某种方式来与孩子相处，所以当负面想法出现时他们根本意识不到。我听过很多家长问我，如果正处于与孩子争吵的过程中，他们怎么才能觉察自己在想什么呢？

事实上，大部分家长只有在怒吼完之后才发现自己生气了。如果是这样，至少你已经开始辨认自己的情绪了。这就意味着你正在注意到自己的感觉，这是一个好的开始，也表示你正在朝正确的方向前进。但是我们可以更进一步，让你更能够控制自己的想法和情绪。下一步是注意自己在想什么，发现哪些想法导致了焦虑情绪的出现。

格温的妈妈艾琳娜对于提高觉知力这个方法很是怀疑。艾琳娜一开始曾经告诉我:"杰夫博士,到底谁会有时间和精力听自己在想什么?我可没有。我一生气脑子里就乱成一锅粥,然后才发现自己在冲孩子大吼大叫。"我告诉她:"艾琳娜,那是因为你从前没有倾听过自己的负面想法。根据你刚才的描述,与女儿的冲突让你非常痛苦和生气。我觉得如果你现在听不见自己的负面想法,那是因为你没有尝试过。但是我得告诉你,这些看不见的负面想法正在操纵你的情绪,让你的情绪变得无法控制。"艾琳娜语带讽刺地回答我:"那好吧,碰到了这种蛮不讲理的女儿,我怎么才能听见自己对自己说的话呢?"我笑了笑:"我刚才似乎听到了某个贬义词,你听到了吗?"艾琳娜猛然跌落到椅子上,因为她意识到了刚才她给女儿贴的标签——"蛮不讲理"。

有很多家长都像艾琳娜一样怀疑有没有可能觉察到自己的负面想法。告诉你吧,可以的。我曾经帮助过2000多位家长,他们在我这里学会了如何更好地控制自己的情绪。我知道如果付出努力,你也可以,所以现在放下疑虑,看看我要怎么说吧。只要经常练习,你就会对这些负面想法越来越敏感,也就越来越能意识到它们的存在。不过,你并不需要倒立、打坐或者找间安静的屋子待着。其实你要做的就是主动去倾听自己脑子里的自言自语,以及哪些话从你的嘴里蹦出来了,尤其是当你想到孩子的时候。当然,你与孩子之间的互动是否良好,也加强了你对他们的看法。所以检查自己想法的最佳时机就是与孩子在一起的时候,或者你们刚刚交谈完。

当你的觉知力越来越强,你会发现在那些安静的时刻,例如洗澡、遛狗或者上班途中,你也能够开始觉察到自己正在想些什么。听一听自己的声音。记住,你的大脑是24小时开放的。当然,你的想法不可能全部与孩子有关，但是如果你患了躁郁父母综合征，我敢打赌你的想法有很大一部分都与孩子有关。艾琳娜学会了捕捉自己的负面想法后，她简直不敢相信自己脑子里的那些自言自语。"杰夫博士，那天孩子参加足球比赛，我在停车场等他的时候，我对自己的想法有了很大的觉知，我甚至像你建议的那样把那些想法都写了下来，这样我就能反复检查。尽管我知道格温让我生气，因为她不愿意干我让她干的家务活，但是我没意识到我有这么生气。居然大部分时间我都在抱怨她有多懒。"

所以，你也能够像艾琳娜那样回看自己的想法。和孩子吵架之后，问自己这样的问题："关于雅各布的行为，我都跟自己说了些什么"或者"对珍妮丝发脾气之前我脑子里都想了些什么"。

在提高觉知力的练习中，请对自己耐心一点儿。记住，不要觉得你应该能够立即捕捉到自己的想法。你的最终目标只是捕捉自己那些与孩子有关的负面想法（这不是竞赛，只是一个过程）。我最不愿意你做的就是给自己贴上一个无能的标签，认为自己无法清除那些负面想法。给自己贴上这样的标签简直太疯狂了，而且对你没有任何帮助。相信我，只要勤加练习，觉知自己的想法就会越来越容易。

以下是四个如何快速锁定自己负面想法的小贴士。

1. 注意那些带有消极、负面意义的语言。我们在前面几章中学到过，消极思维模式中经常出现的语言包括"总是和从不"（"总是或者从不"模式），"你太懒了"（贴标签），"是的，当然了，你可不就是吗"（尖刻讽刺），"我不相信你"（怀疑），"我知道你被冤枉了，但是……"（危险的否认），"我管不了你了"（情绪过激），"都是你的错"（严厉指责），"你应该/必须"（"应该"思维模式），或者"你这辈子肯定没啥出息"（悲观预言）。

2. 时时提醒自己。有些人发现在车窗玻璃上（不过开车的时候可别看）、浴室镜子上或者电脑上贴张小纸条挺管用，纸条上可以写上"保持觉知""注意想法"或者"倾听自己"。我的一位客户在手上缠了一个蓝色的皮筋来提醒自己注意觉知负面想法。她总会看着蓝色的皮筋，然后想，"为什么我戴着这个？"然后她会很快想起来，这是要提醒自己多留神自己的负面想法。

3. 写下来。艾琳娜就发现，有太多东西可以写下来。所以你可以在钱包、公文包或者口袋里放一个小本子。将自己的那些负面想法写在纸上，真的能帮助你更好地留意脑子里在想什么。这些负面想法的数量肯定会多得让你大吃一惊。

4. 不要感情用事。发现了自己的那些负面想法后，你肯定会非常激动。这很正常。我希望你能像一个侦探一样，时时刻刻侦查自己脑子里负面想法，但只是收集信息而已。察觉到那些负面想法后要设法保持冷静，否则你很快就会忘了自己要做什么。如果你想的只是理解自己和孩子而不是惩罚她，你就能够更加客观。我们的目标是更加能够觉察到自己的想法，仅此而已。

第二步：注意自己在身体上的感受

到此为止，我一直强调的是感知自己的想法。另一个提高觉知力的方法就是与自己的身体同频。我们的大脑与身体之间的联系早已为世人熟知。已经有研究证明，减少焦虑和恐惧情绪能改善身体健康，增加寿命。

发现自己的想法能够引发身体上的反应，很多人都很惊奇，其实这种身体与意识之间的联系我们每天都会谈到。比如有人被吓得"胆战心惊"，或者有人真让我们"伤脑筋"。

当你将注意力放在自己身体上，你也许会发现与孩子吵架时，你的背疼得厉害或者心跳很快。或者女儿走进来把橱柜门砰的一声关上时，你的胃里会腾的一下火辣辣地疼。你可以将这些时刻作为将身体感受与意识联系起来的最好契机。观察自己在身体上有哪些反应，例如胸口发紧或者脑子里开始砰砰作响，这都显示负面想法正在产生。观察到这些，你就能够更快地冷静下来。

然而，负面想法产生的后果并不都会直接显现。有些突然产生的负面想法会激起身体的即时反应。而缓慢形成的负面想法也会在身体上引起反应。这两种负面想法都能让你觉得疲劳，感觉身体像被掏空了一样。负面想法无一例外会给你的身体带来负面影响，它们盘踞在你身体里，还会让你感觉越来越难受。

贝丝告诉我，每天晚上一听到患有注意缺陷多动障碍的儿子不耐烦地叫"妈妈，妈妈，妈妈"，她的整个身体都会随之一紧。"每次格特欺负妹妹西耶娜并且不断惹麻烦的时候，我能实实在在地感到自己的牙关咬得紧紧的，然后我的头也疼得厉害。"为期一年的咨询已经让格特变得不再那么调皮。但是贝丝花了更长一段时间来减缓自己的头疼。"就好像我已经训练好自己一碰到格特淘气的时候就全身紧张，但是格特现在已经不淘气了，我的身体却还没有准备好。"

贝丝的经历和俄国著名科学家伊万·巴甫洛夫（Ivan Pavlov）所做的

实验如出一辙。巴甫洛夫每次给一条小狗喂牛排的时候都会摇铃，重复一段时间后，他发现只要一听到铃声，小狗就会分泌唾液。我们都对孩子抱有期望，这种期望也强烈地影响着我们。我们的身体与我们的想法、感觉之间有着令人惊异的联系。表 5-1 提供了一些提示负面想法已经出现的身体感觉。

表 5-1　负面想法的身体指征

手掌出汗	全身无力	耳鸣
咬紧牙关	两腿发抖	恶心
头疼	声音颤抖	失眠
胃疼	视力模糊	颈部或者背部疼痛
呼吸急促	音量提高	疲劳
磨牙	握紧拳头	眩晕

负面想法出现时在身体上都会有表现，在发现这些身体表现时，请记住以下重要的三点。

1. 知道身体紧张和放松时是什么样的感觉。在第 4 章中，我介绍了一些放松身体的方法。放松本身很重要，知道放松是什么感觉也很重要。当你的大脑平静下来时，你能更好地感知身体哪些部位陷入了紧张状态。这将帮助你在压力缠身的时候更好地保持觉知。

2. 我们很多人大部分时间都处于一种紧张状态中，以至于我们以为这是正常和健康的。长时间感到紧张会让人觉得这就是常态。如果你一天中大部分时间都处于压力之下，你的身体就会一直处于紧张状态，对此你根本意识不到。时不时地提醒自己一下，不必要让自己太过焦虑。我发现这样做对我很有帮助。每次听到自己对自己说"杰夫，没关系，放松点儿"

时，我都会心中一松。同样，下班后或者晚上睡觉前，花点儿时间让身体放松。或坐或躺，充分感受身体的每一个部分，让它们逐一放松。

3. 当你意识到身体正在绷紧时，试着找一找自己的焦虑情绪来自何处。 上面两点与整体的身体-意识有关，你可以再进一步问自己："为什么我要屏住呼吸？为什么我的肩膀这么酸？我在想什么？"对自己的想法保持觉知，这样你可以选择自己的想法，并且在很大程度上选择自己感受到的压力有多大。允许自己关注身体如何反映自己的想法。

我的一位客户曾经戏称自己是"崩溃的雪莉"，现在她已经变得非常擅长让自己"冷静"。她第一次来见我的时候，带着一个长长的单子，上面写满了她感受到的压力和相关的身体感受，包括头疼、胃部不适、不时出现的焦虑以及肌肉僵硬。雪莉说自己已经"四分五裂"了。

在我的指导下，雪莉开始了所有能让自己放松的练习。有一天她告诉我她怎样使用新学到的技能："我只是简单地把身体的各个部位都观想一遍，我会说，'现在放松膝盖。'接下来是手臂。等到全身都已经放松了，我就会把这种感觉记下来，并且在几分钟里一直保持这种放松的状态。接下来的几分钟里，我又让整个身体一直保持紧绷。然后再放松。"最后，她意识到自己不再被压力所折磨了。

第三步：找到触发负面想法的开关

作为家长，我们每个人身上都有些一触即发的开关。这些开关是一些激发我们负面想法的事件，最常见的有孩子顶撞我们，把房间弄得乱七八糟，觉得我们的付出是理所当然，或者突然什么都不想干。我们必须知道有哪些事件会触发我们身上的开关，这样在负面想法可能会产生的时候给自己提个醒。

对于多萝茜和罗贝托这对夫妇来说，最让他们受不了的就是拿儿子杜安和他的表兄弟们进行比较。多萝茜和罗贝托觉得杜安特别懒，他们总是拿他和他那些学习上不见得有天赋但非常努力的表兄弟们比较，觉得杜安应该表现得更好。杜安对父母希望自己能"像他们一样"的想法肯定非常讨厌。

多萝茜："杜安出生以后，我们尽一切努力让他能在各个方面领先。我们给他上钢琴课，请家教给他补课，只要你想得到的，我们都做了。我们觉得这样应该没问题了吧，但并不是这样。我觉得杜安特别封闭自己，拒绝做家庭作业，在学校也是得过且过，他这一辈子注定没什么出息了，我们做家长也真是失败。"

罗贝托："我的想法是，我为这孩子真是拼了老命。我从小在贫民窟长大，一分钱都要掰成两半花。这孩子却是衣来伸手，饭来张口。我跟他讲话的时候，他连看都不看我，也太恶劣了。我是他爸爸，他应该尊重我。每次我俩谈话，最后都变成了吵架，他每次都说什么，'你对我一点儿都不好'，或者'你一点儿都不关心我在想什么……'所以我提议去找个咨询专家的时候，儿子和我都有点儿不知道怎么办，而我俩都知道我们真的需要帮助了。但是就在上周，我想跟他聊聊成绩，结果这小子拿手机砸我。他让我的婚姻也承受了很大的压力。对杜安来说，我就是台取款机。我觉得他一点儿也不尊重我或者关心我的想法。我和他的日子现在都不好过啊。"

杜安确实有些喜欢逃避现实，在学习上也没有充分发挥自己的潜力。与父母交流的时候，本来父母是一番好意，杜安却缺乏对他们应有的尊重。幸运的是，多萝茜和罗贝托能够认识到杜安成绩不好这件事会触发他们的负面想法。一旦意识到在这个问题上的看法变得负面，他们就能够退一步，重新审视自己那些出发点虽然好但不切实际的期望。罗贝托的想法从"他根本不在乎自己的未来"变成了"嗯，也许杜安会考虑上社区大学。即使他不考虑，替他操太多心对他也没多大帮助"。很有趣的是，罗贝托和多萝茜越是努力消除自己的负面想法，杜安在学校就变得越刻苦。他后来先是上了一年社区大学，后来又转到了一所四年制大学，并且拿到了工程学的学位。

以下是帮助你识别自己负面想法的几个指导原则。

1. 把自己吊在天花板下。哎，千万别跑去找梯子和万能胶！我其实是在告诉你，与孩子交流的时候要抽离出来，观察一下自己与孩子的交流模式。很多找我咨询的家长都告诉我，这个方法真的挺管用。如果你想象自己正好像从天花板上往下俯瞰你和孩子是如何交流的，你会变得更加开明、更加客观。我们太频繁地陷入一个角色里无法抽离，例如一个监工或者家庭作业监督员，这种和孩子较劲带来的后果显而易见。所以要从第三方的视角观察你和孩子之间的交流互动，而不要深陷其中无法自拔。

2. 记录你与孩子之间的较劲和冲突。在上面提到的第一步"倾听你的负面想法"中，我建议你拿个笔记本将自己的想法记下来。这是个很有用的办法，可以帮你找到有哪几个点特别容易让你爆发，例如是孩子写作业的事，他和兄弟姐妹之间的关系，还是不愿意干家务活？如果你发现自己总是和孩子就一件事发生争吵，那就要特别注意了，因为这很可能就是你的负面想法层出的时候。很多家长都吃惊地发现，他们会就一件事情有那么多的负面想法。

3. 认识到你的压力来源可能发生变化。现在你儿子大声告诉你说，他恨你的丈夫，也就是他的继父。关于这件事，你自己的想法可能是你患上躁郁父母综合征的原因。你也许会消极地想（这个孩子一点儿都不知道感恩。他应该感谢我嫁了这么好的一个人），过一两年，随着时间的流逝，你儿子会越来越接受这个继父，他和你现任丈夫的关系可能就没有那么紧张了。此时，你也许又开始担心儿子的那群新朋友会对他有什么影响了。我的意思是，父母与孩子之间的关系总是时好时坏。你必须知道，解决了一个问题并不代表不会有其他问题产生。

很多时候，让我们产生负面想法的其实是我们自己的问题，或者是过去经历带来的"包袱"。我们大多数人都不太愿意去面对自己的过去，但是我愿意清除过去的经历给我带来的包袱，因为我知道这样做对自己有好处。我知道，如果不清除由于过去的某些负面经历诱发的负面想法，我就会像在黑暗里摸索一样，然后会在毫无预警的情况下撞到些障碍。就像我之前说过的，你越是抗拒的东西，就越无法消除。

无论是好是坏，我们在育儿方式上都深受原生家庭的影响，但大多数人对此一无所知。例如，你的原生家庭表达情感的方式会影响你对孩子的态度和看法，但这一点你可能并不清楚。如果你的父亲或者母亲非常挑剔，你可能就会挑剔自己的孩子，并陷入"总是或者从不"或者"应该"的思维模式中，而你的孩子会变得封闭或者很难相处。

不过不用担心，你可以对那些影响自己思维模式的问题进行清理。你需要的只是愿意觉知自己过去情感包袱的勇气。最简单的方法之一就是意识到自己有哪些思维模式。如果孩子总是对你有同样的反应或者说同样的话（"你总是冲我大声嚷嚷"）或者（"你从来都不听我想说什么"），也许是时候照照镜子了。我并不是让你变得自我挑剔或者埋怨父母造成了你的问题，而是让你从更深层次去理解你可以如何改善与孩子的关系。

第四步：保持冷静

避免负面思维方式的一个很大原因就是它会触发负面情绪，例如愤怒、沮丧和憎恨。保持冷静不仅对于识别和控制负面想法很重要，也能够帮助你控制自己的情绪。

父母对孩子发脾气是一个很大的问题。对儿童的虐待很大程度上来自父母的愤怒，这已经成为我们社会的一个主要议题。我很庆幸，我的那些负面想法和情绪即使没有导致我在肉体上虐待自己的孩子，也使我变得脾气很硬，这可不是件好事。我会在言语上特别有攻击性，并且对孩子使用各种严厉的限制措施。在清除自己的负面想法后，我花了更长的时间来重新建立和孩子之间的关系。

接下来，请阅读"控制自己的情绪"部分，以了解情绪在我们的生活中起到了多么重要的作用。

控制自己的情绪

情绪既强烈又有极大的影响力。我们的情绪受到媒体、政治家、

我们的孩子、父母、同事，甚至宠物的操控。（还记得当你走进家里，发现你家狗狗"不小心"踩在了新买的地毯上时，你是什么反应吗？）有时候我甚至觉得我们的生活是多么被动，总是被那些能够影响我们情绪的人和事所左右。

但是事实并非如此。想一想：当你发现有人占了道，你没法将车开出来的时候，你是不是适时地踩了刹车？当你发现有件东西你特别喜欢但是又买不起的时候，你是不是成功地说服自己放弃了？你有没有在公共场合特别想要骂人或者打人的时候又控制住了自己？在以上所有例子中，自控力让你摆脱了情绪的左右。你有自己约束自己的能力。作为一个家长，你也有自我觉知力和自控力，这就是成年人区别于孩子的地方。

令人感到悲哀的是，当与孩子相处的时候，很多人都丧失了这种自控力。自身的那些一触即发的开关控制了我们，但是我们可以摆脱它们的控制。要时时刻刻记住，通过控制自己的负面想法，我们能够控制自己的情绪。

你的头脑和你的心拥有同样的力量

当孩子的行为惹恼了你，你的想法开始变得负面时，一定要记住，并不是眼下的情形让你生气，而是对这个情形的看法左右了你的情绪。你可以选择以消极负面（不现实）的方式来看待孩子的话或者行为，也可以选择以不消极（现实）的方式来看待。

我在第 3 章曾经提到过，在认知心理治疗领域，我们能够改变和塑造自己的思维模式这一点已经得到了非常深入的研究。认知心理治疗师向客户展示了如何系统地训练自己的思维模式，使他们摆脱抑郁、焦虑、愤怒和其他问题情绪的困扰。这里的关键就是要知道是想法引发了情绪，通过改变思维模式，能够改变你对外界的感觉。了解这一点能让你的亲子关系发生革命性的改变。这种能够更清晰、更平衡、更正向思考的能力，能够改善你与自己、与另一半、与朋友和同事、与生命中所有其他人的关系。

有觉知力的育儿需要自控力和成熟的心智。有自控力的家长愿意勇敢面对并努力消除那些困扰他们的消极想法和情绪。**你越有自控力，就越不用去管束自己的孩子**。为什么？因为只要你的负面想法减少，孩子和你对抗的行为也会随之减少。

是的，我知道孩子会挑战你的耐心，总有突如其来的冲突发生。毕竟每个孩子都会这样，他们总是乐于挑战极限，看看自己能走到哪一步。但是你可以选择如何对待孩子的唆使、挑衅、操控、阴谋诡计和其他种种不良行为，是冷静地解决问题还是情绪化地大闹一场。

我曾经为 2000 多名家长和孩子提供咨询和服务，也见过无数家长从负面思维的牢笼中解脱出来。他们的孩子变得更加听话，他们的家庭也涌现了更多欢乐。

但是这并不意味着我让你美化孩子的一切，有意忽视孩子身上存在的问题。这是绝不可能的！忽略问题的存在只会让你的躁郁父母综合征更加严重，直到哪一天你实在忍受不了开始爆发。然后结果就是你和孩子都感到无比痛苦（而你还觉得特别内疚）。

两只狼的故事

一天晚上,一个年迈的切罗基印第安人给他的孙子讲了一个在人的内心发生的战争故事。他说,"孩子,这场战争发生在我们内心中的两只'狼'之间。一只是邪恶的狼。它代表愤怒、嫉妒、妒忌、悲伤、悔恨、贪婪、傲慢、自怜、内疚、憎恨、自卑、谎言、妄自尊大、骄傲和自大。另一只是善良的狼。它代表喜悦、和平、爱、希望、宁静、谦卑、仁慈、怜悯、慷慨、真相、同情心和信仰。"

这个孙子想了一分钟,然后问他爷爷:"哪只狼赢了?"

这位切罗基老人只是简单地回答:"你喂的那只。"

这是一位客户转发给我的那种被群发的电子邮件。我喜欢这个故事,因为它强调了我们选择如何看待事物非常重要。

当你了解到了自己的负面想法,请记住,你就像这个故事里的切罗基人一样,可以选择让这些负面想法继续滋生还是用更健康的思维模式替代它们。

不同的想法导致不同的结果

不要忽略自己的负面想法,而是要批驳这些想法,并且用另一种思维模式进行替代。我已经一再强调,如果你能够改变自己,转向更健康、更正向的思维模式,那么绝大部分情况下,孩子都会出现好的转变。很快你就会看到，换一种思维模式，就会有不同的结果产生，你与孩子的互动也会变得更好。

兰迪是一位成功的计算机咨询顾问，也是两个孩子的父亲。这两个孩子一个患有注意缺陷多动障碍，一个患有学习障碍。当兰迪和妻子第一次来找我咨询的时候，他就向我强调自己是一个"理性的人"。几年前，兰迪和他的第一任妻子就进行过婚姻咨询。他觉得那次咨询对他没什么帮助；咨询师给的意见没有针对性、太泛泛。

兰迪也告诉我，他来到我这里只是为了表示对现任妻子丽奈特的支持。他希望她能"获得一些管教孩子的技巧"。兰迪盯着我的眼睛告诉我："我无意冒犯你，杰夫博士，但是我真的觉得你的方法不管用。我只是跟着我妻子来听听而已。"他又加上一句，"这年头家长们太……溺爱孩子了。应该管教的是孩子的行为，而不是家长怎么想。"

兰迪越往下说越来劲。他向我挑明，他或者他的家庭都不需要到我的办公室来咨询。我接下来说的话让兰迪吃了一惊，因为我表示同意他的观点，他和他的家人都不需要咨询。我告诉他，咨询也许管用，但是他们并不需要。于是兰迪告诉我，他很喜欢我的回答，既诚实又彬彬有礼。

我接着问了兰迪一个很重要的问题："如果我用一种很戒备、很负面的方式回答你，会影响你对我的观感吗？"兰迪回答："当然，那是肯定的。"我笑了。从那一刻起，兰迪开始诚实地审视自己的思维方式，因为他已经意识到了它们的影响力。

家长了解了什么是负面想法后都告诉我，他们真希望能和孩子从头开始。对此我只能说："嘿，迟做总比不做强。"我曾经听到过很多家长和孩子之间发生不快和冲突的故事，有些冲突的影响甚至持续一生。

作为家长，你现在有机会以一种更明确、更健康的方式表达自己的想法和情绪。你将能用一种更镇定、更冷静的方式去与孩子相处。那么有哪些可以替代负面思维模式的思维方式呢？以下是一些能帮助到你的技巧。

自己拿出证据

以积极的思维方式来替代负面思维的方法很简单：**你需要搜集证据来反驳自己的负面想法**。记住，负面想法只是以扭曲的方式来看待孩子的行为和言语。大部分家长都没有意识到，基于事实而不是情绪，理智、积极地看待孩子的行为和言语，以此来挑战自己的负面想法，将巩固家长与孩子的关系，并且为孩子带来意想不到的快乐。

对于类似"他总是爱跟我顶嘴"或者"她总是蔑视我的权威"这样的负面想法，我建议你找到证据反驳自己。向自己证明孩子并不总是不尊重你、不听话、不诚实或者任何"不……"。

等等！你肯定会问，不是应该反过来吗？不是应该向自己证明儿子就是总挑战你的权威，所以这次就该让他因为自己的"错误行为"受惩罚吗？不是这样的，原因在于：一旦你陷入负面思维的模式，就只会关注那些证明孩子总挑战你的事情（例如上周他说你对他从来没有公平过，以及上上周他说你从头到尾都是个讨厌的人……）。相反，你应该收集证据来反驳自己的负面想法，从新的角度来看待孩子的言语和行为（比如就在昨天，他突然同意让弟弟看一部电视剧）。在你采取反驳自己负面想法这种方式时，请记住以下几点。

- **找到孩子行为的至少三个反例。**负面想法一般会否定一切。所以不管你的负面想法是什么，找到一些反例证明它们并不是真的。你的孩子不可能时时刻刻都挑战你或者一点儿都不听话。

  兰斯觉得他14岁的儿子马丁"不知道感恩，总是贪得无厌"。然而，当我鼓励兰斯回想一些与此相反的例子时，他发现一点儿都不困难："他妈妈做完癌症手术后，马丁很坚强。他也对自己的弟弟很好。"

  随着兰斯改变了自己的思维模式，慢慢发现马丁的优点，令人欣喜的变化发生了。马丁真的越来越懂得感激父母的付出。兰斯于是有了更多的证据表明他先前对马丁的看法不正确。这就是改变负面思维模式的神奇所在。你越挑战自己的负面思维模式，就会发现这个挑战变得越容易。

  和兰斯一样，你也能够挑战自己的负面思维模式，找到一些与之相反的例子。一两个反例也许就足以说服你，能找到三四个就更好了。

- **假装你不是他的家长。**先别吃惊，再仔细地看一遍。很多坐在我办公室内的家长都告诉我，其他家长、老师、乐器老师、童子军领袖和空手道老师都觉得他们的孩子很棒。由于不是自己的孩子，这些人根本看不到孩子讨人厌的一面。

  想着其他人对孩子的夸赞，想象你不是孩子的父母。我知道，有时候你真的觉得要不是这孩子的家长就好了。严肃一点儿，我现在要你做的是将自己的情绪放在一边。假装你是一个邻居或者朋友，自己的孩子也很烦人。记住,所有家长都有讨厌自己孩子的时候。现在假装你是另一个家长,并且在表扬你家孩子,现在你是不是看到了孩子讨人喜欢的一面?

我有个很好的朋友,他跟自己的一个已经成年的女儿关系非常不好。这个朋友是我见过的最好相处、最开朗的人之一。然而,有次他一边开车一边跟我们聊他女儿的时候,气得几乎把车开到马路对面去了。幸运的是,即使一聊到女儿,他的思维模式立刻转向负面,我们也没有撞车。我冷静且真诚地将他女儿的优点一一告诉他,他开始冷静下来。其实朋友对自己的女儿非常喜爱,那天晚上,他还带她去吃晚餐。他开始聆听并将注意力放在她的优点上。自那以后,他的负面想法越来越少,持续的时间也越来越短。毫不夸张地说,这位父亲和女儿之间的关系变得前所未有的亲密。

通过别人的眼睛看自己的孩子,你也会看到以前一直隐藏着的优点。负面想法清除得越多,你就越有同理心去理解孩子的观点或者立场。对孩子想法更深的理解通常会有助于清除你与孩子关系上的障碍以及潜在的负面想法。正是这种同理心(尤其是深刻的同理心)将家长和孩子在情感上黏合在一起。理解孩子和爱孩子同样重要。记住,如果要喜欢自己的孩子,对孩子的理解是不可缺失的一环。为了真正帮助你形成这种思维模式,想象一下,如果你找到证据反驳自己的负面想法,就能挣五万美元。(这可太值了,是不是?)

⑨ **记住大画面**。很多电视机都有画中画功能。一个同事一次建议我,将那些消极的想法想象成电视上那个小画面,将积极正面的想法想象成后面

那个大画面。如果你记住的是那个大画面，即孩子好的一面，就能成功地与自己的负面想法对抗。让你的负面想法变成电视上小的画面，将替代负面思维模式的想法变成大的画面。这种想象会帮助你以更有益、更健康、更正向的方式进行思考。这个练习的好处在于你不会感到压力，不必觉得自己要把所有的负面想法清除得干干净净。只是想象着把它们变得越来越小，而积极、正向的想法越来越大。光这么做就能让你感到对自己的情绪有了更多的控制。

9 **写下来。** 它能够帮你把那些证据用白纸黑字的形式记录下来。想一想，把所有让自己高兴的事情写下来是什么感觉。看到老板对你工作的表扬让你感觉特别棒，对不对？还有那些给你很高成绩的老师的评语。将孩子的优点记录下来能让你成为一个有超强觉知力的父母。可以首先在自己身上试试——我允许你把自己好好吹捧一番。请在下面的空格处写上自己有哪些值得赞扬的地方。

_____

_____

_____

把这个当作礼物送给你自己。它可以是任何对你很重要的东西，例如你为你女儿的学校做志愿者所贡献的时间，或者因为给你儿子的足球队做教练而从其他家长那里获得的感谢。或者你的清单也可以包括你擅长和其他人合作，在工作中能够积极解决问题。如果完成这个清单能让你感到快乐，为什么不把这个礼物送给你的孩子呢？

最好的礼物

当你对自己的负面思维模式变得越来越敏感时，你的生活就会发生惊人的转变。你将意识到，你的确能够选择以何种情绪来面对孩子——选择不去感到愤怒、绝望或者沮丧，而这些情绪都是负面思维模式带来的结果。当然，在短时间内回过头去选择负面思维模式是很容易的一件事，甚至你也可能会觉得很轻松。但是你和孩子将长时间忍受由此带来的各种恶劣情绪，而你的躁郁父母综合征也会越来越严重。

我一直认为觉知力与负面思考方式就像黑与白一样是完全对立的两面。负面思考方式是自动的、习惯性的、单一的、僵化的，会对亲子关系造成极大的损害。而觉知力是流动的、多变的；它促进了父母与孩子之间的接纳与理解，有助于孩子提高自尊和自信，这一点对孩子尤其重要。

说易行难

也许现在你对我也有了一些负面想法，但我希望你没有。或者，也许你害怕当孩子不听话的时候，你很难捕捉到自己的那些负面想法。

玛德琳被自己的14岁女儿乔伊气得够呛，她正坐在我办公室的沙发上，身体前倾，急切地向我一桩桩地数落女儿的不是。她的丈夫克劳德则看着她，希望她能冷静一点儿。玛德琳说道："杰夫博士，我爸爸是德国人，妈妈是爱尔兰人。从小到大我们都老老实实听他们的话，从不敢顶嘴。"她接着告诉我，"我想给乔伊最好的条件，也不在她面前发脾气，但是我真的做不到。现在我想把所有给她的东西都拿走,让她好好地吸取一下教训。"

在此之前,乔伊已经被送到了玛德琳的父亲(一位退休的公立学校副校长)那里。玛德琳的用意是让父亲好好管教一下乔伊,但结果是乔伊的祖父母被她气得筋疲力尽,束手无策。乔伊又被打包送回了家。好在一旦玛德琳摆脱了那些负面想法的束缚,发现自己不再需要做一个惩罚型的妈妈之后,她和女儿之间的紧张气氛得到了缓解。(我将在第8章对惩罚做进一步讨论。)

我知道说起来容易做起来难,但是如果要做一个有觉知力的父母,你就要让自己远离愤怒或者焦躁情绪。你要保持冷静。这里有三个建议送给你,帮助你保持冷静,不让自己被愤怒冲昏了头脑。

1. 给自己打气。提醒自己,如果你能让自己陷入焦虑,也就有能力让自己摆脱这种焦虑。对自己说:"我之所以觉得生气/悲伤/绝望/受伤,是因为某个扭曲了事实的负面想法。"然后问自己,"我想要被自己的想法控制,还是我要控制自己的想法?"谁会选前者呢?还可以问自己,"如果我一直不停地对孩子发脾气,几年以后会是什么样的结果?"

2. 选择不一样的结果。有一次孩子把我惹毛了,我开始失去冷静——直到突然醒悟:我可以不这样啊。这对我来说简直是醍醐灌顶的一刻。就像一句俗语说的,"你不做出改变,世界就无法改变。"所以我选择以冷静、稳定、宽容的态度来对待他们。结果不出所料,我获得了完全不同的结果,孩子变得无比合作,也愿意和我交流。

3. 把口头禅用起来。保护自己免受负面情绪的困扰可以非常简单,就像发现自己的负面想法并且重复一句简单的口头禅（例如"停下来"）一样简单。相信我，一遍又一遍地重复一些简短的句子能帮助你建立一种新的思维习惯。记住，是你的想法导致了你对孩子失望，所以你也可以练习不让自己陷入负面想法。一些简单的句子，例如"还没那么糟呢""冷静，事情也许不是这样"，或者"等一等——这是个负面想法吗"都能够提醒你觉察自己的负面想法，不再陷入负面思维模式的泥沼。

总结

在接下来的两章中，我将带领你与你的负面想法进行正面对决。既然你已经学会了如何提高自己的觉知力，你将能够更有效地使用接下来要学习的工具。继续往下阅读的时候，请记住以下几点。

- 成为有觉知力的父母将使你的工作事半功倍，因为你学会了如何识别自己的消极想法和情绪，并为此担负起责任。
- 身体上的表现能够揭示你的大脑在想什么。
- 保持冷静，敏感地觉察自己的负面想法将有助于你控制自己的情绪。
- 一旦形成了倾听自己负面想法的习惯，你将吃惊地发现自己平时在脑子里对孩子有那么多自言自语，而你对此几乎一无所知。

第6章
清除逐渐形成的负面想法
Liking the Child You Love

我要问一个很重要的问题：对自己的负面想法有了很好的觉知之后，你打算怎么做呢？我希望你的决定是将它们赶出你的头脑。

在这一章及下一章中，我将告诉你如何反驳并且清除自己的负面想法。将这些垃圾清除之后，你将能够用更平衡、更健康的想法取而代之。我称这些想法为"替代性想法"。所谓替代性想法，指的是以新的、更公平、更灵活的方式来看待孩子的言语、态度和行为。

当你觉得沮丧、难过的时候，就很难理解为什么孩子那么不听话。负面想法破坏了你冷静下来解决问题的能力。在这一章中，我将针对的五种负面想法被我称为"逐渐形成"的负面想法，因为它们是随着时间的推移慢慢形成的。有着这些负面想法的家长也许会表现得与孩子很疏离，感到对孩子充满了怨恨，在情感上无法与孩子有紧密的联系。

在第 7 章中，我将处理突然爆发的负面想法，它们杀伤力也很大，常常导致过激的语言出现。请记住，任何负面想法都有可能是缓慢形成或者突然爆发的。这两章探讨的两种不同负面想法的分类是相对的，而非绝对。

要对付的不管是逐渐形成的还是突然爆发的负面想法，最关键的策略是使用替代性想法。使用替代性想法的同时，用到第 4 章介绍的放松技巧和第 5 章介绍的提高觉知力的方法也很关键。放松技巧对于驳斥突然爆发的负面想法尤其重要。

但要注意，负面想法会消耗掉你很多的时间和精力——比你能想象的多得多！我知道，生气的时候拿手指着孩子责备她不听话对你来说是最方便的。你也许会问："为什么不讲道理的是她，我却要检讨自己的想法和行为？"但我想告诉你，当你将手指指向孩子的同时，也让它远离了自己的心。这是违背自然规律的，因为教育孩子最好的方法都来自你的心。

当孩子失去控制时，你只有控制了自己的想法，才能让孩子重新变得听话。是的，成为一个理性、冷静的家长，需要自律和不懈的努力。如果孩子行为顽劣惹你生气了，作为家长的你火冒三丈本无可厚非。虽然短时间内在负面想法的控制下你发了一通火然后感到身心舒畅了，但从长远来看，你的这种做法只会造就孩子更多的焦虑和紧张。现在，我们来看看这五大逐渐形成的负面思维模式，这样你就能知道如何用替代性想法来将它们赶走。

1. 摆脱"总是或者从不"思维模式的束缚

在第 3 章，对于自己 13 岁女儿瑞秋无处不在的负面想法和失望让痛苦的朱莉陷入了"总是或者从不"思维模式的陷阱中。她对瑞秋的失望，主要根植于以下这些负面想法，如"她从来对我为她做的任何事情都不满意""她总是小题大做"和"她除了自己谁也不关心"。

在与我的交谈中，朱莉意识到"总是或者从不"思维方式导致她对女儿的看法很不公平。在这种思维模式的重压之下,朱莉根本不知道该如何驱除自己的那些负面想法。刚开始的时候,她流着眼泪向我哭诉:"杰夫博士,我这么说挺狠心的,但是有时候我真的受不了瑞秋了。她不停地惹我发火,而且看起来还挺得意扬扬。"最近一次瑞秋让朱莉发火,是因为她毒舌地抱怨朱莉给她新买的牛仔裤"丑得可怜"。

在我的鼓励之下,朱莉开始改变观念,试着在自己觉得瑞秋总是不懂感恩的时候为她辩护。我们一起发掘了瑞秋其实懂得感恩的例子。

- 瑞秋告诉朱莉,她谢谢朱莉帮她准备历史测验。
- 上周,瑞秋告诉朱莉,她喜欢朱莉给她妹妹买的裙子(这表示瑞秋能够感激她对家里其他人的关爱)。
- 当朱莉一再告诉她上初中确实不容易之后,瑞秋便不再抱怨自己的朋友都是"小人和可怜虫"了。
- 当朱莉指出瑞秋不太愿意表达自己喜欢什么的时候,她表示同意。
- 当朱莉冷静下来,她提醒自己说,瑞秋的身材比较胖,所以对自己的衣着很敏感。

当朱莉开始把注意力放在女儿表示感恩的正面行为上时,她有了惊喜的发现:她发现了更多女儿其实懂得感恩的证据!例如,朱莉记得瑞秋在公开场合曾经自豪地提到"我妈妈"。对别人来说这也许只是桩小事,但当朱莉回忆起这一幕时,觉得非常满足。她逐渐回忆起瑞秋爱为其他人着想等许多优点。一开始只是一点点,但是很快这样的回忆越来越多。朱莉很容易就想起了瑞秋的至少六个优点,以反驳自己那些负面想法。为了让这些替代想法能够更好地驻扎在朱莉的脑子里,我让她写下了以下这些事实。

1. 瑞秋曾经多次告诉我,她很喜欢我做的意大利千层面。
2. 两周前她谢谢我带她和她的朋友去商场。
3. 如果哪天瑞秋惹我生气了,第二天她会向我道歉。
4. 我去练跆拳道的时候,瑞秋就承担起了照看妹妹的责任。
5. 去年我父亲过世的时候,瑞秋特别耐心,努力在很多事上帮我。
6. 她最近写了一篇作文说我是一个多么好的妈妈。

将这些证据用白纸黑字的形式写下来,让朱莉告别了自己的负面思想。从那些扭曲的想法中清醒过来,朱莉看清了现实:也许瑞秋不是一个多么听话的女儿,但她并不总是那么忘恩负义。实际上,瑞秋是个很关心人、有爱心、懂得感恩的女孩。最令人值得欣慰的是:朱莉的怒气立即消失得无影无踪。"看了这些证据之后,我怎么可能还对她生气呢?"朱莉说,"说实话,我反而更喜欢她了。我觉得应该向她道歉,怎么会在脑子里那么多关于她的负面想法呢?"朱莉停顿了一会儿,又加上一句,"呃……我又犯了'应该'的错误。现在责备自己也于事无补。"

朱莉还有了意想不到的收获:她的婚姻越来越和谐,与丈夫的争吵也少多了。她的丈夫唐纳德过去一直怨气冲天,因为总是陷在妻子和女儿的冲突之中腹背受敌。由于朱莉逐渐清除了自己的负面想法,唐纳德坦承说他也抛弃了对朱莉的成见:"朱莉从不让孩子们喘口气。"就像我曾经提到过的,一旦某种关系中的负面想法被清除,其他关系中的负面想法也会随之而消失。

　　这种深刻的转变并不罕见。也许这话你都已经听腻了，但我还是要再说一次，因为它实在太重要了：最关键的就是我们要意识到思想引发情绪，通过改变潜在的思维模式，你能改变自己的情绪状态。通过挑战和克服自己的负面想法，你会重新发现孩子身上的那些优秀品质。你不仅能体会到做家长的喜悦，也会对自己感到更加满意。最重要的是，孩子将感受到你身上的变化。

　　看着自己找到的这些证据，并对女儿有了更多的欣赏，让朱莉能够聚焦在大的画面上，也就是这么长时间以来瑞秋对妈妈的感激，而不是某几个叛逆的时刻。朱莉其他的负面想法，例如瑞秋总是小题大做、只关心自己等也都消失了。一旦家长意识到并且摒弃了某个负面想法，其他的负面想法就会自动消失。自从瑞秋感受到一种全新的来自妈妈的理解，并且与妈妈有了更亲密的关系之后，她不再动不动就发脾气，也不再那么以自我为中心了。

　　当我们觉得受到威胁时，就会看不到那个大的画面，也就是我们的孩子都很善良，他们迫切地需要得到我们的信任；隐藏在他们那些不讲道理行为背后的通常都是困惑、痛苦和恐惧。请将以下这些时时刻刻提醒你关注整体而非小细节的事实铭记于心。

- 没有家长或者孩子是完美的。
- 问题总有解决的时候。
- 父母对孩子的理解是让失控的孩子重新步入正轨的最佳策略。

自从发现了瑞秋"有时候确实感激我为她做的事"的证据,朱莉现在能够让自己的想法变得更加现实。她现在能够冷静地看待这些证据,从正确的角度理解瑞秋的行为。即使碰到瑞秋在抱怨,朱莉也会告诉自己:"瑞秋正处在青春期,有很多困惑,她不是故意要惹我生气。上周她有好几天都表现得挺好。"有时候朱莉会再次掉进"总是或者从不"的心理陷阱里,但她会立即用积极、正向的想法来代替负面想法。

更多替代"总是或者从不"陷阱的想法

看看表6-1,很多语言都很明显标志着"总是或者从不"的思维模式。如果你用更理性和现实的想法代替这些负面想法,这种非黑即白的思维模式就会消失得无影无踪。

表 6-1　摆脱"总是或者从不"思维模式,走向理智和现实

"总是或者从不"心理常用负面语言	理智和现实心态常用语言
总是	有时候、有几次、比较常、比我想的更
从不	偶尔、不像我喜欢的那么
一直	某些时候、有几次
没有一件事	不像我喜欢的那么、现在、有些事情
每件事	这件事或者这几件事

事实上,来找我咨询的家长都告诉我,他们惊奇地发现,只要改变几个字就能产生巨大的正面影响。他们很快意识到,一旦打破了这种僵化的思维,负面想法就真的被消除了。表6-2就给出了几个替代"总是或者从不"陷阱的具体例子。

表 6-2 利用替代想法脱离"总是或者从不"的思维模式

负面想法	反驳负面想法的证据	替代想法
"他从不听我的话。"	"这不是事实。就在那天，我让他把玩具放回去的时候他答应了。"	"他不像我想的那样听话，并不表示他就做错了什么。他是个很棒的孩子，对自己的妹妹也很好。"
"他总是这么喜怒无常。"	"上周，他一遍又一遍地说绕口令，把我和朋友们逗得哈哈大笑。"	"他有时候确实脾气不稳定，但那也许是个信号，提醒我他在学习上遇到了挫折。我可以接受他偶尔的闹脾气，而不会一直为此纠结。"
"他说的没有一件事是真的。"	"他经常也说真话。他说实话的时候我也冲他吼得太多了。"	"他撒谎是因为他害怕对我说实话。我会努力让他知道，不管他是不是对我说实话，我都会对他态度好一点儿。"

如果我的孩子真的很叛逆呢

你也许会觉得自己的情况是个例外。每次都会有些客户质疑我，"但是他真的经常这么做"或者"她真的从不这么做"。

我的回答是让他们回想孩子刚出生的时候。我问他们，那个时候孩子是否听话。答案当然是很听话。绝大部分家长都带着温暖的微笑回忆小家伙刚出生的时刻。所以，现在他们有了具体的例子反驳那些"总是"的指责。即使有个别例子，孩子从出生的第一天起就给父母带来了麻烦，比如新生儿腹绞痛，这也不代表着他们的出生给父母带来了痛苦。

最重要的是，反驳那些负面想法改变了你看待事物的角度——让它变得更积极正向。当你开始有了替代想法并为此收集证据，你就开始将注意力放在了孩子的优点而不是缺点上。当你能够冷静下来，变得更加现实，你也就更能够接受孩子那些讨人厌的习惯了。你也许会想，"这不是什么大不了的事"，然后感到释然。

但是我真的感到困扰……

你也许想进一步彻底解决孩子身上正困扰着你的问题。或许你可以找学校的心理学家来评估孩子在学习上长期懈怠的根源在哪里。甚至即使你找了心理专家来评估你的孩子,每天让他按时完成家庭作业也很困难。在我之前出版的《叛逆不是孩子的错》一书里,我为家长提供了一个强大的十天计划,让他们帮助各个年龄阶段的孩子有效地克服学习不专心的毛病。在本书末尾,我也提供了一些其他参考书和资源。如果孩子的学习或者其他问题一直持续困扰你,请记住,你只是凡人,不可能什么烦恼都没有。

有一点请你注意,清除自己的负面想法并不意味着从此以后孩子再不会烦你了。这是不现实的。相反,清除负面想法让你看清真正的问题,应对孩子遇到的问题时会有更多支持,且更加公平。将放松、提高觉知力和利用替代想法的技巧结合在一起,你和孩子的关系会给你带来更多快乐。你对孩子的了解将更加清晰,不再以扭曲的角度看待问题,那些问题也会变得更容易解决。

觉知力得到提高以后,你将不再对孩子口出恶言,最重要的是,你将不再被负面想法一直纠缠,相反,你将以更具建设性的态度来面对一切。就像朱莉告诉我的,"是的,我确实有时候还是觉得瑞秋喜欢小题大做和以自我为中心,但是我不会说'你总是这么大惊小怪或者自私'这种话。相反,我说的是,'如果你能用更好的语气跟我说话,我会很高兴,我知道你可以的。'而且我的话真的起作用了。即使她当下没有反应,只是睁大眼睛瞪着我,我也让她知道了我的想法,而不是让那些负面想法将我变得脾气暴躁,口不择言。我越是冷静,和她的沟通就越顺畅。所以结果往往是她的态度软化下来,我们一起好好讨论,然后解决问题。我的觉知力帮助我意识到,她很清楚我为她所做的一切;她喜怒无常,只是因为她还是个处于青春期的小孩。"

2. 放弃贴标签

在第 3 章中我讲述了懒惰的兰尼和粗心又不负责任的简的故事。尽管他们被贴上的标签不同,但受到的影响是相同的——他们的内心都非常愤怒。

也许你还记得我在第 3 章中曾指出,贴标签是一种简单粗暴但很方便的处理信息的方式,让家长可以毫不顾忌地想说什么就说什么。想一想吧,做家长是一份一天 24 小时,一周 7 天没有休息的工作。所以我完全理解家长想省事的心情。然而贴标签的做法让你的孩子陷入负面身份中且无法摆脱。被贴上标签的孩子通常会感到挫败、受伤、愤怒和怨恨。他们不再愿意去做出积极的努力。很多成年人都抱怨他们在幼年时如何被贴上了各种标签,并因此陷入巨大的情绪痛苦。

例如,我曾经帮助过一个叫凯文的成年人。小时候,他姐姐的朋友一直说他很丑。尽管成年后很多女性觉得他很有吸引力,他还是不太自信。和女生约会的时候,如果两个人只是普普通通地不再联络了,他也会认为是因为自己长得丑。接受了我的心理辅导之后,凯文不再对自己那么苛刻。他重新给自己贴上了"迷人"和"讨人喜欢"的标签。很快,他就遇到了一位最后成为他妻子的女人。

如果你给自己的孩子贴上了负面标签,她会把标签变成事实。相反,如果你将负面标签替换成正面标签，她也会把这个标签变成事实。我知道让你把脑子里那个有害的标签完全去除也许不容易，因此我觉得你可以再给孩子贴上一个更大、更正面的标签，让这个标签覆盖之前那个负面标签，就像蒂娜，她就学会了认为女儿香侬是充满好奇心而不是吵吵闹闹。

不管要弄清楚哪种负面想法，你首先需要搜集证据来反驳那些负面标签。你要对自己诚实，承认你真正想说的话。例如，在脑子里认为，或者出言指责孩子"懒惰"或者"粗心"，以及既这么认为又真的指责孩子"懒惰"或者"粗心"都会伤害孩子。常听到这种话的孩子会觉得别人认为他是个"废物"。如果你对此有怀疑，那么就在下面这个练习中在自己身上试试这个黄金法则。

重新审视过去贴在自己身上的标签

回忆一个孩提时期你自己被贴过的标签。贴标签的人也许是你父母、老师、亲戚、教练或者任何人。

- 这个标签是什么？
- 这个标签给你带来了多大困扰？
- 你对这个标签有什么反应（例如，你是反抗还是试图忽略它，又或是故意让这个标签变成事实？）
- 这个标签如何影响了你的自尊？
- 这个标签造成的情感上的伤害持续了多长时间？

我让兰尼的爸爸将目光聚焦在大的画面上，收集证据来反驳兰尼很懒的标签。他很快就想起了兰尼在柔道上获得的黑带，兰尼还找了一份兼职工作，这些都表示兰尼很有上进心。当然如果兰尼对学习也那么有上进心就更好了，因为这些都只是课外活动。

如果你还记得，简的父母，尤其是她的父亲，认为她很粗心。对于简有能力做什么、没有能力做什么，她的父母无法做出正确的判断。这在任何父母中都很常见，尤其是孩子有注意缺陷多动障碍和学习障碍的父母。看到简是如何照顾自己的孩子，让父母对她有了新的认识。

让我们来看看表 6-3 中的其他标签以及孩子们如何看待这些标签。

表 6-3

标签	你真正想说什么
"你太懒了。"	"我觉得你无法获得成功。" "你没有一点上进心。" "我不喜欢你对待周遭事物的态度。"
"你简直是只猪。"	"你很脏。" "你一点儿也不欣赏自己或者周围的环境。"
"你太自私了。"	"你关心的只有你自己。" "你完全没有能力看到别人的需要。"
"你太粗心了。"	"你不知道怎么做好一件事。" "你对什么事都不上心。"
"你太爱哭哭啼啼了。"	"你的情绪太强烈了，我不想面对这种情绪。" "任何有点难度的事情你都做不好。" "你的感觉不重要。"
"你太没心没肺了。"	"你意识不到其他人也有情绪。" "你什么也理解不了。"

我经常见到给孩子贴上负面标签的家长，即使他们自己小时候也受到过被父母贴标签的伤害。简的父亲拉尔夫小时候也患有注意缺陷多动障碍，所以长大后对房间保持整洁特别挑剔。拉尔夫后来向我承认，简乱扔东西

的习惯让他特别敏感，觉得好像是自己把不好的基因遗传给了她。当拉尔夫看到简在怀孕期间把一切都处理得很好时，他打消了这方面的疑虑。

我曾让不少家长看过表 6-4 里的负面标签，帮助他们将负面的标签转化成正向描述。请你也一定小心自己对孩子的想法和对他们说的话，然后完成表后的练习。

表 6-4　替代负面标签的说法

负面标签	正向描述
不可理喻	有挑战性
不成熟	还在成长
顽皮	还没有适应环境
没耐心	不擅长等待
喜怒无常	不会正确表达自己的愤怒；性情中人
害羞	谨慎的
吵闹	好奇的
爱撒谎	害怕说出事实
斤斤计较	深思熟虑的
吹毛求疵	认真仔细
好胜	积极向上
疯子或者神经病	独特的
固执	有意志力
自私	重视自己
爱嫉妒	有爱心；保护欲强
懒散	优哉游哉；还没有找到兴趣所在
喜欢掌控一切	自信
消极	安于接受现状
疯狂	失望且感到困惑

练习：用正向描述代替负面标签

还记得老话"给孩子贴上标签，他就会长成那个样子"吗？现在是时候打碎标签、保护好孩子的自尊了。阅读表6-4，找到任何你给孩子贴过的标签，利用下方的空格将负面标签放在第一条线上，将正向描述以及任何能够支持这个描述的证据写在下面的横线上。请先参考下面这个例子（"喜怒无常"）。

负面标签及背后的想法

喜怒无常：跟她聊天太不容易了，她动不动就发脾气。

替代的正向描述及背后的想法

性情中人：是的，跟她聊天确实不容易。但她也很关心人，很可爱。仅仅因为她脾气急就给她贴标签对她不公平。

负面标签及背后的想法

_____

_____

替代的正向描述及背后的想法

_____

_____

负面标签及背后的想法

_____

_____

替代的正向描述及背后的想法

_____

_____

负面标签及背后的想法

_____

_____

替代的正向描述及背后的想法

_____

_____

记住，负面标签也许是"总是或者从不"思维模式的衍生品。这是因为"总是或者从不"模式会让家长认为孩子的形象是全部负面的。

负面标签不是合理的激励手段

很多家长喜欢用负面标签作为激励孩子的手段。我遇到了不少成年人，他们记得小时候曾被说成是"无可救药"或者"是个废物"。这些人也许发誓一定不要变成那个样子，但付出了惨痛的代价：一段破裂的父子或者母子关系。约翰尼·卡什（Johnny Cash）曾有首老歌《一个叫苏的男孩》（*A Boy Named Sue*），讲的是一个男孩被父亲取了个女孩的名字。这个父亲希望儿子变得坚强、自信。但不出所料，这个儿子的生活过得很艰难，就因为他不同寻常的名字。当这个儿子长大之后，他找到那个抛下他的父亲并与其对质，他们发生了激烈的争吵。尽管最后他们放弃了多年的敌意和冲突和好如初，但苏发誓说："要是我有了儿子，我一定给他取名叫比尔、乔治——任何一个男人的名字，就是不叫他苏！"相信我，被羞辱后获得的成功比得到爱和鼓励之后获得的成功要痛苦千万倍。

记住，你能清除那些负面标签。找到一些证据，你就有了武器来替代那些负面标签，将它们全部赶走。你找到的正面标签越多，就越能找到正面证据来支持这些正面标签。一旦你将这些负面标签撕下来，孩子也会越来越懂事、听话。

3. 按捺住自己的挖苦讽刺

我有一个13岁的客户，他的父母经常讽刺他运动能力不强。我问这个男孩有什么感觉，他回答："我气坏了，打篮球的时候就故意乱打。"

就其定义来说，讽刺挖苦就能给人带来一定伤害。偶尔出言讽刺一两句也许无伤大雅，但长期讽刺挖苦可能会严重挫伤孩子的积极性。我曾经也时不时地挖苦自己的孩子，结果令我非常后悔，现在我学会了让那些挖苦讽刺的语言远离我的孩子。

乔丹是个15岁的男孩，患有注意缺陷多动障碍。他的爸爸和妈妈就管不住自己的嘴，喜欢拿这件事损他几句。尽管学习成绩不太好，乔丹仍然觉得自己将来肯定能"当一个大老板"。一天他爸爸又损他："可不，乔丹，没准你将来真的能当个什么老板。不过现在让你倒垃圾，你都记不住，你将来可怎么管理手下啊?"

听了爸爸这话,乔丹气得跑了出去,直到第二天早上才回家。那个晚上他睡在了树林里。不过这已经是14年前发生的事情了,我可以高兴地告诉大家,乔丹已经变成了一家大型会计师事务所的老板。

在为乔丹的父母提供咨询期间,他们改变了自己的思维模式,使用替代想法来赶走那些负面标签,停止了对乔丹的挖苦讽刺。这些替代想法包括以下几条。

- 即使乔丹有时候出言不逊,也不代表我们就得反讽回去。
- 我们想挖苦孩子的冲动正好表示我们需要更耐心,对孩子更包容。
- 注意缺陷多动障碍不会困扰他一辈子,我们不能因为他表现不好就讽刺他。
- 讽刺孩子可能让我们图了一时的嘴快,却对孩子造成了情感上的伤害。

表6-5给出了更多帮助我们停止使用挖苦讽刺的例子。这些替代想法使你更能理解和支持孩子,而不是陷入愤世嫉俗和绝望中。

表 6-5 替代挖苦讽刺的想法

负面想法	反驳负面想法的证据	替代想法
"是啊,你是学习了,你的学习就是跟朋友电话聊天,聊怎么越学越差。"	"他一直能够一心几用。讽刺他的学习态度于事无补。"	"其实他可以提高学习效率,而不是学习更刻苦,如果我因此而感到不满,倒也无可厚非。然而,如果我不再挖苦他的话,他会更听我的劝。"
"你穿成那个鬼样子,还指望男生尊重你?是啊,他们肯定会的。"	"现在的女孩大都穿成那样。"	"我知道她现在正在探索什么风格适合自己。和那些处于青春期的女孩一样,她的朋友也给她很大压力,她又那么在意自己的形象。"

(续)

负面想法	反驳负面想法的证据	替代想法
"你这个态度没人受得了。我真同情那个将来要嫁给你的女孩子。"	"他脾气不好,全是虚张声势,其实里面隐藏着他的恐惧。他几个星期前向我承认过。我总是忘了他也很难受。"	"他对自己家里人非常忠实,也很有保护欲。我最好不去说那些可能会伤害他的话。"

还请你们记住,非文字语言,也就是我们大家更加熟知的身体语言,也构成了我们对孩子的讽刺挖苦。家长在和孩子交流的时候,注意千万不要出现例如转眼珠、长叹一口气、发出嘲笑或者阴阳怪气的声音等这些动作。如果你不小心形成了这些习惯,一定努力改掉。和负面标签一样,讽刺挖苦的语言也会让孩子的自尊受到伤害。

4. 放弃对孩子的怀疑

一位有觉知力的家长懂得信任孩子。尽管绝大部分家长都很重视信任这件事,也想更加信任孩子,对孩子"隐隐的怀疑"却侵蚀了他们对孩子的信任。陷入这种思维模式的家长总是觉得只有在自己的监视之下,孩子才会学习。但最大的问题是,即使有福尔摩斯的观察力,不信任孩子的家长只会让孩子守着更多的秘密不愿意诉说。

这种对孩子隐隐的怀疑根源于家长自己的焦虑和不安。偶尔怀疑一下孩子干了什么坏事倒也正常。但是接下来我将介绍一些帮助你消除对孩子无端怀疑的策略,学学这些对你只会有好处,不会有坏处。然而,如果你发现自己整天都在怀疑孩子,别的什么事都做不了,或者睡不着觉,那么我建议你去找一位受过训练的精神健康专业人士进行咨询。而且还请记住,即使你最可怕的怀疑成真（例如你的孩子吸毒或者期末考试全部挂科），生活中也总还有希望。生活还是要继续，你们的生活也总是会有出路。不管你的孩子陷入了什么麻烦，都会在生活中开启更多的希望。你作为家长，能够做到的最重要的事就是对孩子的陪伴和关心，否则你也不会在读本书。你越理解和支持自己的孩子，孩子就越会对你敞开自己的心灵。

对孩子不够信任的家长多半会感到焦虑，需要相信一切尽在自己的掌控之中。这就会导致一个恶性循环：家长越因为孩子感到焦虑，他们对孩子的信任就越受到影响。即使合理怀疑也会演变成无端猜疑。

8岁的安德鲁有些调皮，不是那种最乖的小孩。然而，尽管安德鲁的爸爸杰克认为安德鲁是罪魁祸首，但他的确没有打碎客厅的相框。然而杰克开始无端猜疑他，完全想不到相框（就放在打开的窗户边）是被风刮掉的。几天前，相框被风刮下来的时候，他的妻子忘了告诉他这件事。后来杰克知道自己错怪安德鲁了，下决心不再无故猜疑儿子了。可令人感到悲哀的是，无端猜疑造成的伤害比一个被打碎的相框更难修复。

在另外一个案例中，艾伦在16岁儿子蒂姆的车里发现一个打火机。尽管事实与"狗吃了我的作业"这个借口一样匪夷所思，但这个打火机的确是从蒂姆的朋友史蒂夫的口袋里掉出来的，蒂姆压根都不知道自己车上有个打火机。当艾伦冤枉蒂姆抽烟的时候，两个人爆发了激烈的争吵。好在艾伦最后为自己的错误推断道了歉，冲突才最终得以平息。

不幸的是，父母对孩子的怀疑有时候会让孩子自暴自弃，导致怀疑成真，结果父母更难信任孩子。如果父母发现孩子有什么事瞒着自己，就会产生对孩子的各种怀疑，并演变成负面想法。而焦虑会导致他们匆忙得出错误结论。

理智、坦诚的沟通是父母保持与孩子亲密关系的最佳工具。孩子进入青春期时，通常会逃避与父母的沟通。当处于青春期的孩子陷入讨好父母还是融入同龄人的两难处境时，无端怀疑孩子只会产生反效果。

寻找证据是驱散怀疑的最好方式。一个家长越觉得无法掌控自己的孩子，在意识里就越想要控制自己的孩子，且通常以错误、扭曲、指责式的想法来实现。消除对孩子的无端猜疑最好的方式就是找到以事实为根据的证据。事实能够取代焦虑、不理性的想法，例如"她显然干不了什么好事""我就是不能信任他"，或者"恐怕我永远也没法知道到底发生了什么"。你要做的就是看向事实，不断用这些事实来提醒自己。例如，琼有个15岁的女儿叫格劳莉娅，她一直隐隐怀疑格劳莉娅不回自己电话的时候就是在和朋友吸毒。但是通过回忆以下事实，琼很快矫正了自己的想法。

- 格劳莉娅一直都很老实地告诉我，她的几个朋友拿些不好的东西诱惑她，她都扔掉了。
- 格劳莉娅向我发誓，她绝不会跟喝醉了或者吸毒了的朋友坐在同一辆车里。
- 过度怀疑只会破坏我和格劳莉娅之间建立的信任。
- 我越强化格劳莉娅对我很诚实、不会骗我这种想法，我们就越能信任彼此。

一旦孩子对你也产生了无端的怀疑，这种怀疑的恶性循环就会更加恶化。你的孩子会想："你疯了。你肯定搜过我的房间！你还说我赢得了你的信任，可是我根本没法信任你。"

不管是在亲子关系还是其他任何关系中，诚实都是维持良好关系的最好策略。我的建议是尽可能不要让那些怀疑转变成负面想法，而是将自己的怀疑如实告诉孩子。记住千万避免用指责的口吻！如果你能用正面、诚实的方式将自己的怀疑表达给孩子，肯定能得到孩子诚实的回答。

琼抛弃了自己的负面想法，就能诚实地将自己面临的困境告诉格劳莉娅："我真的很爱你，也希望我们能够坦诚相待。我对你的那群新朋友有点儿不放心，我希望你不会觉得我是在惩罚你，才让你跟我说实话。只是我有时候真的很担心你，满脑子都想的是你也许会出什么事。你可以听听我的想法，不生我的气，而且接受我的这些担心吗？我既希望你能够安全，又希望能够保证你的隐私权和独立性，你觉得咱俩应该各自做出什么样的努力？"我还没有碰到一个孩子不欢迎家长这种坦诚的告白和全然的接受。如果你们之间出现了什么问题，努力清除你的负面想法，解决方法会慢慢浮现。只要你记住，好的亲子关系需要的是家长的冷静和努力解决问题的态度。表 6-6 提供了更多平息对孩子无端怀疑的方法。

表 6-6　平息对孩子无端怀疑的更多方法

负面想法	反驳负面想法的证据	替代想法
"我不在的时候你连照看弟弟都不愿意。"	"很多时候你都负起了当哥哥的责任。"	"我最好每次把让老大照看弟弟的时间缩短一点，这样就不会怀疑他了。这也避免了让我自己感到失望，还可以表扬老大。"
"他最近睡得太多了，肯定在吸毒。"	"他的确去打工了，而且他每年春天都会过敏。"	"他也许最近心情不好，或者有点儿抑郁，因为学校压力太大了。我应该多听听他的心声，而不是总教训他。"
"她居然撒谎说没有家庭作业。我根本不相信她。"	"关于家庭作业的事她的确撒谎了，但这并不意味着她就不关心自己的未来。她只是现在有点不顺。"	"想起来了，她在学校遇到问题不是一天两天了。我得找学校的心理医生对她进行一些测试，找到问题的关键在哪里。"

我并不是在要家长变得盲目天真。很快你将读到，"完全否认事实"并不是解决问题的答案。孩子和青少年当然擅长不对家长说实话。在我的办公室里，孩子们与我分享了很多秘密。我不止一次地感到惊奇，在与家长的智斗中，孩子总是赢的那个。我之前提到过，孩子们曾经告诉我，他们在地板通风管或者天花板里藏着的大麻用具，晚上偷偷坐车溜出去，偷钱，以及其他令我瞠目结舌的故事。然而，家长的怀疑只会让这种欺骗愈演愈烈。最好的应对之策就是建立彼此之间的信任。建立信任可能需要花一些时间，但是它在帮助你找到真相这一点上远远好于试图用怀疑和警惕来控制孩子。

5. 否认事实的危害

否认事实与其他负面思维模式不一样。其他八种思维模式都反映了家长对于孩子的那些僵化、挑剔的看法。然而否认事实与无端怀疑完全相反。否认事实的家长不愿意承担责任，勇敢面对孩子的问题。他们不是帮忙寻找解决办法，而是一味为孩子身上出现的问题寻找借口。

否认事实的家长害怕自己作为家长不够完美。我听过一些非常令人伤心的故事，故事里的家长都是突然接到一些令他们震惊的电话，有的甚至还是一大早打过来。例如，如果你的孩子被监控拍到在商店里偷东西，要否认已经不可能了。就是知道孩子在学校偷东西被抓也挺令人难受的。有时候孩子也会非法闯入其他人家中、欺负别人或者冲动犯事。最极端的例子是，家长在半夜接到令他们感到惊恐的电话，告诉他们孩子出了事故，严重受伤或者不幸身亡。

多年前在我的诊所里曾经发生过一个极端事件。一个16岁的男孩在父母企图阻止他离家的时候因为暴怒几乎开车碾过他的父母。幸运的是，没有人因此受伤。当我和他以及他的父母坐在一起，想要弄清楚到底发生了什么时，他解释说，他几年来一直在向父母绝望求助，但他的父母没有看到，或者说没有把他的求助当回事。

很多年前，我曾在一所大学的心理咨询中心工作，我也见识过一个与父母否认事实有关的极端例子。一个非常聪明漂亮的女孩，还曾是参加过奥运会的体操运动员，企图自杀。她的父母闻讯从城外赶到学校，和她一起接受长期的咨询治疗。女孩告诉我，她觉得自己永远也达不到父母的期望。她的父亲听罢宣称，他终于明白了女儿的痛苦。可是到了咨询结束的时候，她父亲又冷不丁冒出一句："如果重新振作起来，你肯定能够成功！"

否认事实的家长已经脱离，至少是部分脱离了现实。相信孩子的问题并不存在，或者全是老师、学校、他的伙伴或者教练的错，这些对家长来说太有诱惑力了。你可以相信，如果孩子没责任，那肯定就是其他人的错，这样你就没有任何错处，或者不用承担任何责任。但是一个孩子的问题很少只归咎于其他人而与父母无关。

如果孩子出了问题，忽视自己的或者孩子的责任会让家长感到心安理得，甚至理所当然。然而这种应对问题的策略只会让事情变得更糟。我一位17岁的客户就曾经很有智慧地说过下面这些话："我妈妈经常告诉我，我比其他孩子聪明。结果这让我以为我不用像其他人那样做那么多功课。到头来，我有了一种虚假的安全感，觉得自己真的比其他所有人都聪明。

我不能怪妈妈使我今年数学期末考试不及格，但她否认问题的存在对我没有任何帮助。"

　　珍妮是9岁的丽兹的妈妈，她对于丽兹与她的继父马蒂之间存在的问题一直视而不见。马蒂的孩子已经成年，他对于孩子的管教方式一直是以惩罚为主，而且他觉得这套方法好像挺管用。当丽兹表现出不愿意接近马蒂时，珍妮觉得丽兹过度敏感了。此时丽兹出现了饮食紊乱的早期症状，我向珍妮表达了我的不安，觉得这些症状可能与丽兹和继父之间的问题有关。我能看到，丽兹觉得自己在家里失去了地位，因此可能导致饮食出现问题。在接受咨询的时候，珍妮用以下想法来替代自己对事实的否认。

- 丽兹有权保留自己对马蒂的看法。
- 丽兹需要妈妈的支持，不仅因为她非常敏感，而且因为她愿意坦白地告诉妈妈自己的需要。
- 对任何孩子来说，接受继父的存在都是个不小的挑战。
- 即使丽兹和马蒂之间存在矛盾，也不能因此而否认他的优点，以及他作为丈夫和继父的付出。

　　多年职业生涯中，不少家长告诉我，他们曾经像鸵鸟一样把头埋在沙子里，否认自己孩子的问题，结果却给自己带来了麻烦。如果你的孩子也有问题，阅读本书将会拯救你逃出"否认问题"的泥沼。表6-7提供了更多帮助你如何更清楚地看见孩子问题的替代想法。

表 6-7 对否认事实的替代想法

负面想法	反驳负面想法的证据	替代想法
"他的老师给分太低了，今年他们就是不让他好过。"	"上次打分的时候老师确实承认了他的进步。他们只是想强调他还没有充分发挥自己的潜力。"	"好在老师一直与我有联系，也告诉了我他们的担心。从他们的眼里看孩子，让我能够更及时地对他的问题做出反馈。"
"她要是不和那个新朋友出去玩就好了。就是她让我的女儿又吸烟又酗酒。"	"我的女儿不是天使。去年我就抓住她偷偷试着抽烟了。那个时候她还不认识那个女孩呢。"	"她有了问题并不表示我就是一个不称职的家长。事实上，只有像我这样称职的家长，才会看到女儿需要我的帮助。"
"她绝不会像那个邻居说的到处传播谣言。"	"承认现实吧，即使在我面前，她也喜欢说别人的是非。"	"我们会一起解决这个事情。现在就处理是最好的，好过不承认问题的存在而让它越来越严重。"

你也许会问："杰夫博士，那如果是老师真的对孩子不好或者没有对孩子足够的关注呢？"或者"那些偏袒其他孩子的教练呢？"又或者"如果我孩子的朋友的确对他有坏影响呢？"是的，这些都是真实存在的担心，也很重要。你必须时不时地保护自己的孩子，替他出头。这一点毋庸置疑。但是以孩子的名义进行切实有效的干预与扭曲或者否认事实完全不同。我们都知道，如果情侣或者夫妻关系中一方盲目地爱着另一方，那这个人肯定最后会品尝到苦涩或者失望。如果你对孩子的爱是盲目的，那么也只会得到同样的结果。

巴特和詹姆斯是一对双胞胎。这两个男孩非常有礼貌，对我也很尊敬。但是他们因为父母之间激烈的离婚大战而陷入痛苦之中。他们的父亲道格觉得自己是个很"酷"的爸爸。在很多混乱的离婚官司中，孩子的痛苦被完全忽视了。巴特和詹姆斯遭受了同样的命运。不幸的是，他们犯下了严重的错误，不仅售卖处方药还逃学。

他们的爸爸道格一直沉迷于成为一个很受欢迎的人。尽管他在销售行业做得很成功，对于儿子们出现的问题，道格却选择视而不见。一开始他在学校的考勤办公室为兄弟俩的逃学辩护。很不幸，道格想成为一个"酷"爸爸的心态和放任自流的态度使得事态越来越严重，他听不到孩子们求救的心声。道格后来终于意识到自己的否认是多么愚蠢。所幸学校的教育、县法庭做出的缓刑及社区服务的判决让巴特和詹姆斯终于浪子回头。

否认事实也可能来自家长的自负。他们无法忍受"我的孩子也许并不完美"这个想法。与之相反，有些否认事实的家长则是由于心理负担过重而忽略了孩子的问题行为。14岁的奥斯汀因为出售非处方药品而被一所私立学校开除。他的妈妈帕蒂拒绝承认奥斯汀的责任，反而将之归咎于学校的管理不严。不出所料，帕蒂也将奥斯汀错过两次咨询治疗这件事怪到我头上。

有些家长在否认事实的时候做得很有技巧，表达方式也特别微妙。就像我在第3章提到过的一样，他们通常会先道歉，然后话锋一转，以一个"但是"开头来将过错转嫁到别人头上。为一个重组家庭提供咨询时，我看到了一个意图操控别人的最极端例子。丈夫首先为自己15岁的儿子骚扰了妻子11岁的女儿道歉，接着他话锋一转，暗示是女孩先勾引的男孩。这个傲慢的指责导致他们的婚姻解体，也引发了一场混乱的法律诉讼。尽管这个例子很极端，但它充分显示了否认事实隐藏着多么大的危害，又会造成多么大的伤害。

否认事实通常会让孩子逃避承担自己的行为带来的后果，剥夺了他们学着为自己行为负责的机会。这些孩子将无法获得应对及解决问题的技巧和能力。我将在第 8 章中更深入地探讨如何应对孩子的行为带来的后果。但是首先在第 7 章中，我将向你介绍如何清除 4 种突然爆发的负面想法。

总结

只要找到有效的替代想法，本章中讨论的逐渐产生的负面想法就能够得到快速清除。请记住以下几点。

- 替代想法是反驳逐渐产生的负面想法的强有力武器。
- 你越注意自己是否产生了负面想法，就越能够识别它们。
- 为了阻止逐渐产生的负面想法蔓延并且愈演愈烈，必须用一些实例来反驳它们。
- 将注意力放在找到证据清除自己的负面想法上，你与孩子的关系也会越来越亲密。

第 7 章

清除突然爆发的负面想法

Liking the Child You Love

第7章 清除突然爆发的负面想法

我将在本章告诉你如何清除突然爆发的负面想法。这些想法都没有任何征兆，突然爆发。但和逐渐形成的负面想法一样，找到能够替代这些想法的证据才是最好的解决办法。请记住第4章中提供的解压练习和小贴士以及第5章中关于觉知力的探讨。以下是剩下4种负面思维的替代想法。

6. 从情绪过激的状态中冷静下来

我在第3章中曾经提到过泰米，她就是那种会情绪过激的人。忙乱的生活已经让她濒于崩溃，既要照顾年迈的父亲，又害怕被公司解雇，还要抚养15岁的叛逆女儿艾米。相信你们已经看过那个艾米不小心把眼线笔扔到泰米脸上，泰米生气发飙的故事了。

后来泰米想到了艾米的一些优点，让她能够从激动的情绪中冷静下来。继续读下去，你也能学到同样的方法。

情绪过激会在亲子关系中造成深深的伤痕。情绪过激是被扭曲的情感，通常也会导致孩子的情绪不稳定。家长们开始怀疑，"他是不是真的有什么不对劲"，或者"她的问题是不是太大，我根本解决不了"。情绪过激是对孩子行为的爆发反应，因为养育孩子带来的巨大压力让家长觉得无法承受。他们也因为自己内在情绪不稳定而产生内疚和深深的无力感。这种情绪上的脆弱必然导致他们在情绪爆发的同时也产生很多负面想法，最经常出现的就是"总是或者从不"模式及给孩子贴上负面标签。

很多情绪过激的家长都会有一种羞愧感，因为他们觉得表达情绪是一种软弱的表现。而他们在觉得软弱的同时，还会觉得无助和无能。这种无力感又导致了愤怒的宣泄。

情绪过激的家长都是自相矛盾的人，一方面他们想让孩子犯错误，另一方面又想保护孩子以免感到沮丧。遗憾的是，当家长无法控制自己的情绪时，他们在激愤中说的话常常导致孩子感到受伤和被剥夺了自尊。

我也见过一些情绪过激的家长因为不知所措而以冷暴力来对付孩子。不论是有意识的还是在潜意识里，这些家长相信对孩子不理不睬会给他们一个教训。显然，这种方式既被动又暴力，缺乏成年人应有的成熟。不仅给孩子造成了伤害，也没有任何成效。尽管这些家长充满了强烈的情绪，他们却不知道该如何正确表达，最后只能任由这些情绪（通常都是愤怒、被压抑的痛苦或者失望）直接宣泄出来，例如不理睬孩子或者摔门而去。

一旦情绪以过激的方式被宣泄出来，家长会有一种脆弱感。就像前面提到过的泰米，情绪爆发之后她与艾米产生了感情上的隔阂，而这只会加剧艾米的挫败感。和妈妈在一起的时候，她在情感上不再觉得安全。对于泰米来说，与她的情绪过激反应相关的关键词是"不能"。不管用什么形式表达，她的想法都是"我不能管好她"，或者"我不能再忍受了"。

我帮泰米分析了"我不能……"的思维模式，以及这种思维模式如何限制了她与艾米的情感交流。泰米学会了将注意力放在那些艾米既听话又关心她的时刻。这些都是她用来重新调整对艾米的情绪反应的证据。她学会了接受自己的情绪,不去评判这些情绪的对错。因此,她也能够丢掉自己的羞愧感。泰米越来越能接受艾米的行为,对她也越来越有耐心,而艾米也开始重新在感情上亲近妈妈。泰米找到的替代原来想法的证据就像下面这些。

- 艾米常帮我照看她妹妹,减轻了我的压力。
- 艾米和我经常一起开怀大笑,这让我在感到疲惫的时候又有了动力。
- 她真的能够体会其他人的需要。
- 我会感到生气,但这并不意味着因为艾米是最大的孩子,我就可以把气撒到她身上。

如果你在情绪上容易过激,需要注意自己是不是也有这种"我不能……"的思维模式。面临挑战的时候,你可以用"会努力""有困难"或者同样的语句来代替"我不能"。表 7-1 介绍了一些替代语句来帮助你避免情绪的爆发。使用这些替代语句将帮助你与孩子形成更稳定、更牢固的关系。

表 7-1 避免情绪过激的替代想法

负面想法	反驳负面想法的证据	替代想法
"我不能应付他这种暴脾气。"	"事实上,他都是在我唠叨他的时候发脾气。"	"老师们都喜欢他,他也的确挺讨人喜欢。我要学着不要太在意他发脾气。"
"她太会耍小心眼了。"	"我像她那么大的时候不也挺有心计的吗。她和我挺像,我现在不也挺好的吗。"	"她耍心眼的时候我可以开些幽默的玩笑拆穿她的小伎俩。我的反应越平静,就越不会感觉她难对付。"

（续）

负面想法	反驳负面想法的证据	替代想法
"她太难管了。"	"事实上，和她的一些朋友相比，她已经算是比较好管的了。"	"在这个充满竞争的社会中，她充沛的精力如果能得到有效利用也许还是个优势。要是我能这么想还挺好的，这能让我冷静下来。"

通过使用表7-1介绍的一些替代思维模式，家长情绪反应过激的问题能够得到有效的控制。然而，如果你或者孩子的情绪反应过于激烈或者表现得过于频繁，例如每次都是握紧拳头、大发雷霆，那么你们应该考虑寻求专业帮助。我指的是自残、把墙砸出洞来或者把门踢坏这样的情形，这些在我的职业生涯中都曾经遇到过。这样的情绪反应可能指向抑郁、焦虑或者其他精神健康问题，需要获得专业帮助。

我在第3章中曾经提到过克莱尔和她的儿子乔纳森的故事。乔纳森对妈妈出言不逊，还沉迷于玩电子游戏，结果克莱尔失去理智去揪儿子的头发。我对克莱尔的烦躁表示感同身受，帮助她倾听自己所有的负面想法。她还学会了让自己冷静下来的方法。这些方法使她不再那么急躁，并且保持冷静的心态。然后她利用一些替代的想法将以前的负面想法清除得干干净净。这些替代想法包括以下几种。

- 乔纳森今年开始上钢琴课了，所以他正在寻找新的人生方向。
- 尽管我不太喜欢他玩电子游戏，但是他邀请了新邻居过来一起玩，他们看起来玩得挺开心的。
- 大多数孩子都只是在某一个阶段沉迷于电子游戏，我越这样提醒自己，这事就越显得不那么扎眼了。
- 我越拿玩电子游戏这件事跟他吵，他就越会跟我对着干。

如果对情绪过激这事置之不理，它就会一而再再而三地发生，因为情绪容易爆发的家长在孩子出现问题时不知道如何随机应变。虽然孩子的这些问题并不像家长以为的那么可怕或者可恶，然而家长情绪爆发引起的灾难性后果是孩子对家长失去尊重，也对家长充满了惧怕。

在很大程度上，情绪过激的发生是因为家长没有能力减轻自己的压力以及对于孩子的负面想法，甚至不知道如何经营自己的生活。当然，如果你发现孩子出现了极端且危险的行为，例如不当性行为、吸毒或者贩毒或者犯罪，那又是另外一回事了，如果是这样，我建议你去咨询一位医疗专业人士。

我希望，如果你的情绪容易过激，请利用一些替代想法让自己冷静下来。家长越早意识到自己陷入过激的情绪模式中并且愿意解决这个问题，吵吵闹闹的场面就会越少。和所有负面想法一样，情绪过激不仅会导致口头上的责骂，也会导致身体上的责罚。

7. 减少对孩子的责备

我在第 3 章中分享过雷根的故事，他挑起了和弟弟贾文的争吵，让他们的妈妈莎朗责备贾文破坏了晚餐的气氛，让她没法跟大家安安静静地吃顿饭。

孩子的确应该为自己的行为负起责任，对于这一点我完全赞同。但是用负面语言来指责孩子就是另一回事了。像"你的错""你没有"和"如果……就好了"这样的话都显示你在用负面语言指责孩子。当你听到自己在说"是你破坏了晚餐的气氛""如果数学考试没及格，那是你的错，不是我的"，或者"如果你不再这么讨厌，我们就会好过点儿了"，就表示你在用负面的方式指责孩子。

莎朗找我咨询的时候，我帮助她克服了总是用负面词汇责备贾文的习惯。为了做到这一点，她必须改变自己的负面思维模式。她意识到，一旦想到了以下几点，她就不会再一味指责贾文。

- 为了让贾文坚强一点儿，我总是对他很严厉，但事实是他一直在帮助我让我们的家庭关系更加紧密。
- 雷根确实也爱惹贾文生气。
- 我越批评贾文制造家庭矛盾，就越是在制造家庭矛盾。
- 有时候我真的需要放松一点儿，毕竟孩子还在成长。

我见过孩子被安上各种莫须有的"罪名"。当一个孩子总是被家长责备的时候，要获得良好的人际交往技巧并不容易。"是你害得我冲你大吼大叫的"，或者"是你害得我想打你的"是最负面的例子。

在一个极端的例子中，一个叛逆少女的妈妈指责她，说是她导致了爸爸心脏病发。这句话在这个女孩心里留下了一道一直难以磨灭的伤痕。显然，这是个比较极端的例子，但是从中我们也可以窥见无端指责有多么大的杀伤力。

家长之所以指责孩子,是因为他们想要回答的问题是"这个问题是谁造成的",而不是"我们可以做些什么来解决问题"。指责背后是家长想要惩罚孩子的意图,这会更加封闭孩子的内心,也使家长丧失了解决冲突的机会。

从严厉指责变为耐心倾听

表 7-2 介绍了一些替代想法,能够帮助你避免无端指责孩子。如果你用更包容的语句代替那些指责性语句,你与孩子的关系会更加和谐。

表 7-2　从严厉指责变为耐心倾听

指责性语句	理性、实事求是的表达
你	我们
"是你把一切弄得一团糟。"	"我们一起努力找到哪里不对劲,再想办法解决。"
"要是你能一直坚持就好了。"	"这么下去不是办法。我们再想想有没有更好的主意。"
"你一点儿都不在乎。"	"我知道没有进步是什么感觉。我觉得你眼下也有同样的感觉。"
"这个问题是你引起的,不是我。"	"责备你是在浪费时间。我希望你能帮助我一起解决问题。"

你可以将表 7-2 中那些实事求是的表达当成一个工具,帮助你脱离严厉指责孩子的泥沼。你对孩子的责备越少,就帮助他获得了越多为自己负责的能力。也许你有时候会不小心又回到过去的习惯思维中,开始责备孩子。如果真的是这样,也不要因此感到内疚或者责骂自己。要相信自己有能力克服过去那些负面思维模式,相信思维模式的改变能促成行为模式的改变。

经常有客户问我:"可是杰夫博士,如果我是因为孩子真的犯了错才责备他呢？"我不是说你的孩子就是天使，不会犯错。也许你的孩子忘了做什么事，把什么事搞砸了，忽略了一些事，或者在自己的世界里遇到了瓶颈。也许你的孩子确实犯了什么严重的错误，需要承担后果。但请放心，我在下一章中将向家长介绍如果孩子出现了问题行为，该如何让他为此负责，以及有哪些更好的方法。你将看到，此时最关键的不是让自己的情绪占上风，而是如何引导孩子让他吸取教训。你如何想、有何种情绪反应——那是你的责任，不是他的。如果你把重点放在事情本身，而不是该怪谁，那么事情本身将容易处理得多。表 7-3 提供了具体的例子，告诉你如何寻求证据，改变那些责备孩子的负面想法。

表 7-3　更多避免指责孩子的替代想法

负面想法	反驳负面想法的证据	替代想法
"弟弟妹妹都是跟她学，才变得这么焦虑而且情绪化。"	"眼下这个艰难的时刻，她也很难受，但她不是故意这么焦虑，也不是故意想有学习困难的问题。"	"指责她只会让事情变得更糟。弟弟妹妹看到她发脾气时，我希望他们能明白，这不是好的行为。"
"他不愿意为学习上出的问题承担一丁点责任。"	"他现在努力多了；只是在学校落下了太多功课，一时半会根本赶不上来。"	"我要不断告诉自己，在学校的学习是一个过程。如果他无法达到我的期望，也许是我的期望太高了。"
"你这么乱发脾气，让我们大家觉得像这座房子里的人质。"	"我们试过找心理医生咨询，也确实有一些帮助。只是他朋友的爸爸患了癌症，我觉得是这事把他击垮了。"	"我们会好起来的。我会跟咨询师再约一次，看看能不能有进步。同时，我不能再强迫她装出一副笑脸来，但我要对她态度和蔼一点儿。"

8. 停止"应该"式苛责

很多家长都希望能教给孩子一些宝贵的人生经验。我们觉得，既然成为家长，我们的经验必定比孩子丰富得多，所以我们有责任将自己的处世之道传授给孩子。毕竟，我们不希望看到孩子遭受挫折，因为犯错而受伤。

然而，太想把自己的智慧传授给孩子的家长经常会变得专横固执，他们对孩子严加干涉，强令孩子应该或者不应该做什么。认为孩子应该做什么带来的最大问题就是让他们产生了一种强烈的羞愧感。我把这种教育方式叫作"应该式苛责"。

我在第 3 章曾经讨论过，包含"应该"的话其实是针对孩子、其他人或者这个世界的指责，只会带来愤怒和烦恼，例如"他不应该这么固执，还爱顶嘴""必须""应当""就得"这样的词句也会带来同样的压力。孩子犯错或者痛苦挣扎的时候，家长这种僵化的思维模式会让孩子产生强烈的负罪感。

我们都知道，家长总是希望他们珍爱的孩子能获得"最好"的一切。问题是，这些出自好意的希望往往导致家长认为孩子应该或者不应该做些什么。这些包含"应该"的指责很不成熟，导致家长与孩子沟通不畅，从长远来说，也破坏了家长与孩子的亲密关系。

如果你回头看看自己的童年，即使是很小的时候，当父母说你"应该或者不应该"做什么的时候，你就可能感觉很难受，绝大部分孩子都听到过父母这样的指责。当父母说这话的时候，感觉他们在暗示我们是坏孩子。因为我们从小就学到，做了什么"不应该"做的事情时，我们是坏孩子；没做我们"应该"做的事情时，我们也是坏孩子。

不过我有个好消息要告诉你们。只需要用"希望"这样的词汇来代替

"应该"，并且调整你的思维方式，就能够起到很好的作用。"应该"反映的是苛刻、僵化、不切实际的期望。（尤其是我们针对的那个人并不知道我们在想什么的时候！）用"我希望"这样的词语代替"你应该"则不会让孩子感到有压力。

"应该"会让孩子们联想到"你必须"，"我希望"则让他们联想到"我们一起合作"。良好的家庭教育应该是以亲子合作而不是自上而下的强制为基础的。一旦布鲁斯（那个将孩子送进军校的爸爸）认识到了这个问题，他立刻找到了反驳自己负面想法的最有力证据：他从来没有告诉过布洛克，他为布洛克将来生活是不是幸福操碎了心。意识到儿子并没有读心术，不明白爸爸"为他担忧，希望他幸福"的想法，布鲁斯换了一个新想法："我希望布洛克能够和我聊聊，这样我就能够给他必要的支持，帮助他做出正确的选择。"

我还想起了彼得，一位很努力想对继女西利亚好的父亲。彼得觉得西利亚应该接受他，因为他对她和她的妈妈都非常好。一旦彼得放弃了那些西利亚"应该"怎么样的想法，意识到他不再要求西利亚应该尊敬他，他也就开始明白为什么不要再觉得孩子应该或者不应该怎么样。

你越把基于应该的想法清除出去，孩子就越不介意跟你敞开心扉多聊聊。基于"应该"的想法只会带来孩子的抗拒，最终让他们闭上心门。用"我希望"来表达你的想法则会更多地赢得孩子的合作，建立你与孩子之间的信任以及更紧密的亲子关系。

当然，我不会说你"应该"接受我的建议。然而，我希望你会愿意考虑这个建议。

9. 用理智驱散悲观预言

"悲观预言"也是一种负面思维模式，家长会夸大孩子的负面行为和与之相关的事件，并因此得出不公平、不合理的负面结论。这些消极的预言将削弱家长和孩子一起解决问题的能力。

最令人觉得讽刺的是，家长的悲观预言不仅破坏了孩子与家长之间的互信和沟通，还让家长害怕发生的事情成为现实。我在第 2 章就曾说过，越是挥之不去的恐惧，越有可能变成现实。当家长的全部注意力都放在了避免孩子做什么事情上，孩子反而越有可能会去做这件事。

"我手头事这么多，现在这孩子还来给我添乱。为什么他就不能做好自己该做的事情呢"这样的想法几乎影响到了一个孩子的生活的方方面面，包括学习（"他肯定毕不了业，将来只能睡大街了"）、同伴关系（"她再也交不到朋友了"），或者家庭（"她脾气这么古怪，我看我们这个家是永无宁日了"）。悲观预言导致你无法信任自己的孩子，这是很可怕的一件事，因为你的不信任让孩子觉得软弱无助。

因自身压力过大而感到焦虑的家长尤其容易对孩子的未来感到悲观，那些在情绪上有未解决的问题的家长同样如此。以简为例，对孩子的未来感到悲观，让她觉得几乎透不过气来。她很担心家族中的肥胖基因会影响自己十来岁的女儿西尔维娅。简是一个狂热的运动爱好者，她很苦恼，每次想要带女儿去做运动的时候西尔维娅都犯懒。有时候西尔维娅也会去，但不像简那么热衷于此。和很多处于青春期的女孩一样，西尔维娅有一点点超重，最近又开始吃得有点儿多。她悄悄告诉我，她这么做其实是对妈妈的一种反抗。幸运的是，简来找我做了几次心理辅导，对于女儿的未来不再那么担忧。这也使她女儿减轻了来自妈妈的压力。西尔维娅慢慢有了自己的健康生活习惯，保持营养均衡，也开始定期锻炼。

要赶走悲观预言的最好方法就是用其他想法来替代这些预言。在下面的表格中，我将以简为例告诉你如何赶走那些悲观、偏颇的预言。作为心理辅导的第一部分，简列举了一些事实，帮助自己克服那些害怕西尔维娅变得肥胖的恐惧心理。

- 简告诉西尔维娅的那些关于食物的知识，简的父母从来没有告诉过她。
- 西尔维娅开始对自己的健康和外表越来越重视。
- 很多女孩在青春期都会变胖，但之后会瘦下来。
- 即使西尔维娅有体重超重的问题，也不代表她在生活中找不到快乐。

看过了这些证据之后，简告诉自己："西尔维娅有权利过自己的生活。我可以教育她在食物上如何做出健康的选择。同时，我不想让她觉得就因为食量和体重问题，她就不是个好孩子。只要我不再过度干预她的生活，并且给她持之以恒的鼓励，她就会听我的话。"

简和西尔维娅的故事告诉我们，通过发现并且赶走自己那些悲观的预言，你能够将它们变成有利的机会。表7-4将给出更多这方面的例子，告诉你如何将悲观预言转换成其他想法。

表 7-4　更多替代悲观预言的想法

负面想法	反驳负面想法的证据	替代想法
"她这么小就这样爱撒谎，将来肯定会误入歧途，不会有好下场。"	"她向我承认遇到了哪些困难。我冲她大吼大叫的时候，她才专拣我爱听的话说。"	"所有孩子都经历过这个阶段，有时候会有意无意地对父母撒谎。我不应该害怕这个阶段不会过去，这对孩子不公平。我越表扬她对我讲了真话，她就越会对我坦白。"
"他就不能安安静静地坐直了。没准他有注意缺陷多动障碍，将来的日子肯定不好过。"	"我又回去上班了，所以这一年对他来说挺难熬的。其实从我们第一次搬家到现在，他的情绪稳定多了，没那么歇斯底里了。"	"即使他真的患有注意缺陷多动障碍，也不必恐慌。如果需要的话，我们可以请专家对他进行评估和治疗。我先看看从现在到年底这段时间他表现怎么样。"
"她将来的男女关系肯定特混乱，把我和她爸爸给她讲的那些道理全抛到脑后了。"	"她交了一群新朋友，也不代表我们就永远失去她了呀。她甚至还跟我说，她可不想随随便便跟别人上床。"	"我为她感到担心本无可厚非，但是过度担忧也是无济于事。我的最佳选择就是在这里陪着她，听她跟我分享自己的心情，不要让她觉得好像我不喜欢她的所作所为"。

除此以外，记住我在第 4 章中曾经提到过的那个神奇的提问："最坏又能发生什么呢？"这个问题通常都能让提问的人从更实际、更理性的角度来看待自己的担心。所以你可以经常问问自己这个问题，权当检查自己是不是又在做无谓的担心。当然，如果孩子遇到的问题已经到了刻不容缓的地步，寻求专业人士的帮助才最明智。

清除负面思想之后

祝贺你，现在你已经学会了如何将那些负面想法清除干净，不再将自己爱的孩子视作仇人。你也许会想："这些练习我还要做多久？"诚然，搜集反驳负面想法的事实作为证据，找到替代想法确实需要付出努力，但这个努力是多么值得！当那些负面思维模式不再能够控制你的思想和行为，你将与孩子之间建立更多的理解和信任，以及更亲密的关系。记住，在家庭教育这条道路上，"在孩子小时帮助他养成良好的品格，比成年后帮助他矫正要容易得多。"

还有更让你高兴的呢。其实你不用一直这么小心翼翼。就像你的负面想法会自动形成，经过一段时间的努力，那些替代负面想法的积极思维模式也会自动形成。很快你就能随时随地觉知并且反驳自己的负面想法，你所需要的仅仅是一点点时间、练习和耐心。

总结

能够自由选择自己的想法，对你和孩子来说都是最棒的礼物。使用本书提供的策略，你现在有能力收集证据来反驳自己的负面想法，并且形成更理性、更健康的思维模式。请记住以下几点。

- 清除你的负面想法是非常容易的一件事。
- 突然爆发的负面想法能够通过替代想法来消除。
- 寻找事实作为证据来反驳自己的负面想法能帮助你看到孩子那些之前被忽视的优点。
- 你的思维越正面，行为也会越正面。
- 一旦清除负面想法，孩子对你的变化会做出积极的反应。

第 8 章

金科玉律：减少惩罚，将对抗变为合作

liking the Child You Love

莉莉安已经抑制不住自己的怒气。她想要让13岁的儿子扎克在玩滑板的时候带上头盔，但扎克非常抗拒，就是不愿意。"杰夫博士，你说我现在该怎么办？"她问道，"我听从了你的建议，真的在很努力地清除自己的负面想法。我也变得更加冷静，不再像以前那样爱管着他了——我真的特别特别努力。但是杰夫博士，好几次我都在想，我真的什么道理都不讲了，他不听话，我就把给他买的东西通通拿走，一件也不给他。我真的觉得是时候发发威了，让他看看谁才是老大！"

莉莉安的躁郁家长综合征很严重，因为扎克拒绝戴头盔，这可能会给他带来危险。莉莉安想让儿子把头盔戴上是绝对无可厚非的。所以我们可以理解她的沮丧，尽管心情沮丧不见得能帮助她解决问题。

和绝大多数想要逼着孩子做一件事的家长一样，莉莉安威胁要给扎克一个大的惩罚。当然，你可以说，为什么莉莉安不应该惩罚扎克呢？我可以告诉你，最大的原因是当家长急着想拿惩罚给孩子一点教训的时候，自己最后都会崩溃并且勃然大怒。

我让莉莉安先别急着惩罚孩子，而是描述一下她的儿子到底怎么了。她告诉我，就为了戴头盔这事，她和儿子已经斗争无数次了。每次她都是把滑板拿走不让儿子玩，一开始是一天，然后是一星期。当然，在无休无止地缠着妈妈一段时间后，扎克又拿回了滑板，然后带上头盔。但只是暂

第 8 章 金科玉律：减少惩罚，将对抗变为合作

时的，很快他就又把头盔取下来了。

当莉莉安回忆自己对扎克的管教时，她很困惑。为什么对扎克的惩罚没有让他变得更加听话？莉莉安决定把没收滑板的时间延长，但是当她发现扎克偷偷玩朋友的滑板时更加生气了。冲扎克大发脾气，或者温言恳求，甚至把扎克的电脑或者手机没收，这些方法都没有起到任何效果。

莉莉安很郁闷，扎克似乎不理解她的用意。"为什么这么费劲呢？"她哀叹，"道理很简单嘛，不戴头盔就不能玩滑板。"然而将扎克的玩具收走并不意味着问题也被收走了。不管她怎么做，扎克还是玩着自己的（或者朋友们的）滑板，但就是不戴头盔！不消说，每次试图收走扎克的滑板都变成了莉莉安和儿子之间的一种斗争。尖叫、眼泪，被打碎的盘子成了家里常见的景象。

由于脑子里充满了各种负面想法，莉莉安暴跳如雷。和很多家长一样，当孩子不肯听话的时候，她发现自己根本没法喜欢他。更复杂的是，她知道自己喜欢，甚至可以说很爱这个惩罚孩子的想法。很多家长都有这样的感觉。毕竟，谁愿意当个软弱的家长，让孩子为所欲为呢？而且惩罚措施不是能让孩子在犯错之后立刻吸取教训吗？这个问题问得很好。但是莉莉安错误地以为施加在孩子身上的那些惩罚措施只是没有起到作用。而事实却是，它们会让事态更加恶化。

那么，这个不爱戴头盔的儿子和母亲之间的斗争到底如何结束呢？首先，莉莉安坐下来，和扎克来了一场老式的所谓"心与心的交流"。但是这次她的做法不一样了，她决定多听少说。莉莉安学到了，一味惩罚孩子只会阻碍她与孩子之间的交流。她坐下来，耐心地倾听为什么扎克不喜欢

173

戴头盔。当扎克向她袒露自己的想法时，她意识到扎克有很多理由不愿意戴头盔，对于这个问题也有很多解决办法：

- 扎克说他的头盔戴着不合适，他答应和莉莉安去挑一款更舒服的头盔。
- 头盔放在扎克壁橱的最上层，看不见也就想不起要戴。他们都同意将头盔放在洗衣房的架子上，而他的滑板就放在隔壁的车库里。头盔放在那么显眼的地方，扎克肯定就不会忘记戴了。
- 扎克还承认了莉莉安真正害怕的一点：他觉得戴头盔不够"酷"。然而，莉莉安已经做过功课，她冷静地向儿子表示，大部分职业滑板运动员都带着头盔。为了影响和劝说扎克，她和扎克去挑了一张他喜欢的滑板运动员的宣传画，画上的运动员也是带着头盔。

　　在寻找解决办法的过程中，莉莉安并没有把扎克排除在外，这一点很明智。她很认真地想要理解为什么扎克不愿意戴头盔。两个人的相处有了一些进步。然而，扎克有时候玩滑板还是会没戴头盔，但也只是寥寥几次。如果扎克没戴头盔，莉莉安会努力克制住自己的怒气，不冲儿子发脾气。她只是冷静地提醒扎克，并在接下来的半年里只有两次暂时没收了他的滑板。最令莉莉安觉得惊喜的是，与儿子之间的拉锯战已经消失。对于莉莉安的管教，扎克变得更加能够接受，因为他不再觉得这是一种他想要反抗的惩罚。

　　从莉莉安和扎克的个案中我们可以看到，如果孩子潜在的情绪或者需求没有得到关注和解决，他们不会改变自己的行为。记住这一点很重要。喜欢你的孩子意味着让他喜欢自己和他自己做出的选择。

在《叛逆不是孩子的错》这本书里，我介绍了自己管教孩子的方法。基本上，对孩子的有效管教都应该基于冷静的头脑以及与孩子合作的心态，它传达了你对孩子的爱和指导，而不是"按我说的做，否则你就要吃苦头"。我经常见到家长用惩罚来教育孩子，但结果是造成了更多的冲突，以及孩子的变本加厉。当然，有时候惩罚也是必不可少的（见"有效管教的原则：如何正确使用合作式的合理后果"）。我确实认同，让孩子知道哪些行为你可以接受，哪些不可以非常重要。同样重要的是让他们学会为自己的行为承担责任，从中吸取教训，我们要用坦诚、积极的心态来看待孩子的行为。

控制自己的负面想法有助于你管教孩子

控制自己的负面想法带来的意想不到的收效之一，那就是你和孩子的关系会越来越好。良好亲子关系里的孩子通常都会很听话。父母与孩子之间的冲突更少，需要的惩罚手段也更少。但同时要记住，孩子始终还是孩子，他们也会挑战你的底线。对大多数家长来说，要限制孩子的行为也很难，会让他们觉得筋疲力尽。所以如果不得不采取惩罚措施，你也要控制自己的负面想法，才不至于让自己的情绪失控。你越冷静、越坚定，孩子就越不会违抗你的命令。

然而我还是需要强调，尽量理性一点儿，问自己该如何甚至为什么要惩罚孩子。如果你过多或者随意使用惩罚作为管教孩子的手段，他们会反弹，会以令你吃惊的力量进行反抗。

为什么使用惩罚手段会适得其反

很多孩子，尤其是那些行为比较叛逆的孩子，对父母的惩罚会有强烈的反抗。当这些叛逆的孩子感到受到了约束和压制，他们的想法会变得比较扭曲。他们的想法是：我又没做错什么，任何惩罚对我都是不公平的。他们觉得自己已经长大，会不由自主地这样想或者脱口而出："就是因为你，我的生活才这么悲惨，我要以其人之道还治其人之身。"或者他会觉得："看，这就是你把我的生活弄得这么悲惨的结果。"

叛逆的孩子也会想方设法不让你或者其他大人知道他做错了什么，以此逃避惩罚。更复杂的是，如果过多使用惩罚手段，你会觉得异常内疚，孩子也会觉得很羞愧，导致他们的自尊心受损，甚至还可能让他们更加不听话。

而当你能够控制自己的想法，语言也不再那么负面时，孩子会以你为榜样，减少自己的负面想法和行为，长此以往，你们会越来越亲密。让这种新的、更紧密的亲子关系持续下去非常重要。

忽略孩子的过激情绪反应

当孩子表现出叛逆行为，对他进行惩罚可能得不到你要的效果。这是因为叛逆的孩子往往比较情绪化，也不成熟。他们的脑子里也充满了负面想法和情绪。在下节中，你能一窥哪些"极端的想法"导致孩子对你施加的惩罚进行反抗。

了解孩子的"极端想法"

- "我恨你(这个世界/他/它)。"
- "你对我从来都不公平。"
- "从来没有人要听我的想法。"
- "你对我一点儿也不好。"
- "为什么我要努力做好这件事?反正我做什么你都会批评我。"
- "你每次都怪我。"
- "你每次都逼我做这做那。"
- "你一点儿都不关心我的感受。"
- "这一切都糟透了。"

这些"极端想法"听起来是不是有点儿熟悉?看到这里的时候,我希望这些想法属于你的孩子,而不是属于你。你能够看到,痛苦的孩子有自己的负面想法。一味对充满了这些负面想法的孩子施加惩罚只会催生更多的问题。所以我要推荐你阅读塔玛·琼斯基(Tamar Chansky)所著的《让孩子远离焦虑》(*Freeing Your Child from Negative Thinking*),这本书能让你对孩子的负面思维模式这一主题有更多了解。

很多时候,很多家长以惩罚的形式来让孩子来承担所犯错误的后果。但是这种惩罚只会破坏,而不是帮助你建立与孩子之间的互相理解和合作。惩罚意味着负面后果,是在暗示孩子"我是对的,你是错的"。惩罚通常只会导致孩子过激或者极端消极的情绪反应。

而另一方面，有效的管教强调对孩子的教育。这种教育强调"让我们一起解决问题"，能够帮助你避免引起孩子的过激情绪反应。

由于叛逆的孩子会觉得自己和家长之间是平等的，所以他们会对你的惩罚进行反抗。如果孩子对自己的行为没有悔改甚至不承认自己犯了错，他会迁怒于那个让他承受后果，或者在他看来是一种惩罚的人，也就是你。

冷静、坚定、放弃对孩子的掌控

为了避免孩子的过激情绪反应，有效管教孩子，你的自律非常关键。在《叛逆不是孩子的错》这本书里，我强调说只有冷静、坚定、不试图掌控孩子的家长才不会激起孩子的过激情绪反应。现在既然你已经学会了如何控制和清除自己的负面想法，你就能够保持冷静和坚定，这样才不会陷入一味惩罚孩子的危险地带。

你也许会想，"我可以保持冷静和坚定，但是怎么能够在让孩子为自己的行为承担后果的同时又放弃对孩子的掌控呢？"稍后在本章中你将看到，这是可以做到的。最重要的是，你要试着与孩子合作而不是对抗。

记住，不管以什么样的形式，只是让孩子为自己的行为承担后果，都不会自动让孩子学会那些能够帮助他提升自我价值、解决问题和学会自控的价值观和技能。尽管让孩子承担后果有些帮助，但关键是要理解孩子错误行为的源头，也就是他们为什么会犯错。我在本章开头提到过的莉莉安就是通过理解自己的儿子扎克，并始终保持冷静、坚定，放弃掌控孩子，才避免了与孩子就戴不戴头盔这件事起冲突。尽管莉莉安偶尔会使用一些小小的惩戒手段,但因为她很少使用这些惩戒,并且态度非常冷静,所以它们的效果比以前好多了。

现在我们来讨论一下孩子做错事之后会承担哪些后果,基本上可以分成两类。一类是自然形成的后果,一类是合作式的合理后果。对于那些越来越叛逆的孩子,这两种后果都有助于减少他们的错误行为。

自然形成的后果

自然形成后果通常遵循的就是"种瓜得瓜,种豆得豆"的规律。例如,如果孩子拒绝穿外套,那就让她感冒好了。如果孩子不吃饭,那就让她饿着。如果她不写家庭作业,就让老师来批评她好了。如果他在足球比赛的时候对裁判不尊重,就让他被罚下场好了。人生中总有一些重要却痛苦的教训,你只能让生活来成为孩子最大的老师。

多年前我还是个十几岁孩子的时候,第一次因为超速被开了罚单。那个时候,我的父亲给我上了宝贵的一课:"杰夫,如果你想跳舞,就得给拉琴的人小费。"他的意思是,我必须亲自体验过自己的错误选择带来的后果,才会真正地学到教训。我不愿意交罚款,但是它让我学会了为自己犯的错负责。

我相信,或早或迟,这个世界都会让我们尝到犯错后带来的苦果。孩子也许得吃点苦头,但这就是人生的一部分。我记得,曾经有个13岁的男孩在我面前炫耀他偷了超市的一把梳子。可以想象,觉得不可一世的他又在几周后偷了些别的东西。这次他被当场抓住,不得不在本地的教堂做社区服务。这次,自然形成的后果让他学会了对自己的行为负责。

然而,有时候家长也需要提前干预,以免孩子受到自然形成的后果的惩罚。例如,有些危险行为的后果可能就是严重受伤(就像如果扎克不戴头盔玩滑板而摔破了头)。同样,长期不写作业带来的后果就是孩子的成绩一落千丈。在这种情况下,家长需要及时干预并与学校通力合作,以防出现灾难性的后果。再举一个例子,一个偷父母钱被抓住的孩子,就需要做点儿重家务活来为自己的错误受到惩罚。

现在我们来看看父母如何能最有效地让孩子体验做错事的后果。考虑到家长的心态应该是与孩子合作而非对抗,我把这些后果叫作"合作式后果"。

合作式的合理后果(惩罚)

合理后果(惩罚)是在育儿书籍中经常出现的一个词,它描述了当孩子出现错误行为时,家长让孩子承担的后果。我认为,自然形成的后果,如果使用得当,是教育孩子的最有效手段,因为孩子能够直接看到自己的错误会带来什么后果。但有时候,如果家长觉得有必要,也可以进行一些干预,让孩子承担某种合理的后果。例如,如果一个小孩发脾气,把饮料洒在了地上,家长可以叫他把地板擦干净。如果你的女儿把脚踏车放在了车道上,你叫了好几次她都懒得挪开,你可以把脚踏车锁起来第二天再还给她。或者如果你的几个孩子喜欢拌嘴,争抢玩具,你可以把玩具拿走十分钟,谁也不许玩。请见"有效管教的原则:如何正确使用合作式的合理后果",你会从中获取一些有效的建议。

如果家长想让孩子承受自己的行为带来的后果,我建议将合理后果这个词优化成合作式的合理后果(惩罚)。这个方法强调你和孩子站在一条战线上,而不是在对抗。即使孩子不愿意承担这个后果(当然这种可能性很低),你在和他讨论你的想法时有一个合作的心态也很重要。

在孩子拒绝时仍能保持合作心态

孩子向你抱怨和发脾气的时候,你一定要保持一种合作的心态,让孩子自己承担后果的时候一定要保持冷静和中立的语气。我甚至曾经向孩子坦承我想要大叫,而且几乎"失控"。通过向孩子袒露自己的心声,我让自己的情感炸弹哑了火。这也帮助我提高了理解自己想法和行为的能力,让我能够三思而行。然而,如果你以一种情绪激动的方式宣布孩子需要承受的后果,孩子很可能会封闭自己,也不愿意吸取任何教训。记住,不要让孩子吊儿郎当的态度影响了你,让你失去了好不容易获得的冷静和坚定心态。同时,如果你能真诚地告诉孩子,之所以采取这样的行动,是因为你真心觉得这是在为他好,那么你不太可能激起孩子的反抗。

请记住,你只需要以关心、合作的语气来宣布孩子该承担的这种合作式的合理后果(惩罚),你不需要获得孩子的回应。如果乔伊继续打电子游戏,拒绝做家庭作业,他的爸爸、妈妈可以冷静而坚定地把他的电子游戏机收走锁起来。如果孩子骑着脚踏车去了他不该去的地方,你也许要把脚踏车拿走,交给一个亲戚保管几天。当孩子不做家务活,而你已经以冷静、坚定、非掌控的语气向她强调过几次,那么你就需要禁止她跟朋友出去玩一个晚上或者租一部电影的权利。以上这些例子中，家长都应该以合作的态度让孩子们承担该有的后果。

只有在愿意与孩子合作的心态下，家长的语气才不会高高在上。例如，过度沉迷于电子游戏的孩子的家长可以说："我知道你可能会不好受，但是我已经决定禁掉你今天晚上继续玩电子游戏的特权。我希望你能尽快完成家庭作业，这样明天下午我就可以把游戏机还给你。"让孩子为自己的行为承担合理的后果，并且你的语气非常冷静和有针对性，孩子将学会为自己的行为负责。最重要的是，如果你在宣布后果的时候能控制住自己的情绪，孩子就不会觉得受到攻击，他们的自尊心也不会受到伤害。

我见过无数家长给孩子惩罚，让孩子承担自己的行为带来的后果，就像莉莉安一开始想让扎克听自己的话却没有成功，两者都缺乏合作心态。于是这些家长就无法理解为什么孩子会犯下那样的错误。如果不能理解孩子为什么会出现问题，让他们承担后果就不能起到作用。值得注意的是，在使用合作式的合理后果来惩罚孩子的时候，你需要进行认真的思考。以下这个小节将给你们一些原则性指导。

有效管教的原则：如何正确使用合作式的合理后果（惩罚）

家长有时候会不知道该不该让孩子承担自己的行为带来的后果，如果需要，又该让孩子承担哪些后果。以下这些原则能够帮助你决定何时以及是否需要让孩子来为自己的行为负责。

⑨ 你的期望符合实际吗？孩子能真正做到你所期望的吗？有时候父母对孩子的看法并不客观。如果考虑到孩子的年龄或者

情感成熟度，你的期望并不切实际，那么就不要用这种方式来教育孩子。如果你对孩子期望过高，就降低自己的期望，并且不要让孩子承担那些后果。

- 孩子那个时候知道她做错了事吗？如果不知道，向她解释为什么她做错了，但不要让她承担后果。帮助她了解你对她的期望是什么，她为什么以及如何达成那些期望。告诉她你会帮助她。
- 如果孩子知道自己做错了，却故意无视你对她的期望，并且继续表现出不愿意为自己的问题行为承担责任，那么我建议你使用这种惩罚方式。用冷静、坚定、非掌控的语气告诉孩子她将承担的后果。如果可能的话，和她一起决定她要承担什么样的后果。
- 孩子违反了一条你们双方曾经达成一致的规则吗？你是暴跳如雷还是烦得不行，出现了过激反应，或者是真的出问题了吗？你是不是在以客观的态度来看待这件事情？如果孩子并没有违反规则，那么他不需要承担后果。

至此我已经讨论过了自然形成的后果和合作式的合理后果。当你想让孩子承担合作式的合理后果时请记住下面这几点，它们将帮助你成功达到自己的目的。

关于合作式的合理后果的八大要点

1. 更多的相互理解，更少的惩罚。 请记住，如果孩子清楚地知道你对他的期望，而你又常常在他表现好的时候鼓励他，那么他不太会做出什么需要承担后果的行为。你应该见过为了理解老师讲的内容而刻苦学习的孩子。同理，如果你努力去理解孩子，他也会特别懂事听话。

受到躁郁父母综合征的困扰，吉尔总喜欢用惩罚的方式来教育孩子，这让她和9岁的女儿辛西娅之间免不了各种斗争。由于辛西娅不喜欢收拾房间，吉尔没少惩罚她，这种状态让两个人都很痛苦。尽管吉尔怀疑理解自己的孩子的作用，她还是学着去改变自己说话的语气。她不得不承认，辛西娅听到她的话后觉得非常意外，几乎是"跳起来"去帮助她清理房间。尽管辛西娅的房间还没有到一尘不染的地步，但比起以前来真是好了太多，而这正是母女俩一起合作的结果。吉尔对辛西娅这种全新的理解和包容的态度让辛西娅变得从未有过的听话。

2. 态度前后一致。25年前我还是一个本科生的时候，曾经在一次专业会议上遇见了著名心理学家斯金纳（B. F. Skinner）博士。斯金纳博士的研究结果表明，当我们不知道做一件事会带来好处或者恶果的时候，会对这件事产生极大的兴趣。这个研究让我印象非常深刻。比方说，一个孩子在杂货店看到了糖果，央求妈妈给他买一点儿。妈妈告诉他："不行，别来烦我，否则我们回家以后你就不能在外面玩。"如果这个孩子不停地祈求妈妈，最终妈妈招架不住给他买了糖果，而他也被允许出去玩，那么这个妈妈就在教孩子，如果他缠着妈妈，那么只会在口头上被警告。于是，他就会一再重复自己的错误行为。

你们能够看到，家长的态度前后一致很重要。如果你警告了孩子"如果，你就……"，你就必须执行自己的警告。很多家长向我抱怨说他们实在累得不行了，所以才没有贯彻自己的态度。我们都有过类似的经历，但是请记住，有效的管教来自家长始终如一的态度。你越坚持自己的态度，以后就越省事，因为从长远来看，你预防了孩子错误行为的发生。

哈尔告诉他 8 岁的儿子伊恩："如果你还是把自己的背包放在地板中间，我就让你把整个换衣间打扫干净。"一周后，哈尔被地板上的背包绊倒，几乎摔断了腿。看到爸爸摔了个大跟头，伊恩大笑不止。然而，哈尔却很冷静地待在原地不动，让伊恩去打扫换衣间。这个时候伊恩意识到爸爸不是在开玩笑。如果是过去，伊恩会等到哈尔忘记这个惩罚，但这次他知道逃不过了。

不仅如此，你们还要知道，如果孩子某天做了某件事受到了惩罚，结果另一天又没有受到惩罚，这会让他们非常迷惑。最后一点，惩罚要对家里的每个孩子一视同仁。如果看到别的孩子没有受到同样的待遇，即使是非常幼小的孩子也会觉得心灵非常受伤。

3. 关注解决方法将减少你的负面想法。你要确保让孩子承担后果是以解决问题为目的，而不是制造痛苦。关注眼前的行为或者问题。记住每个人都会犯错。不要把让孩子承担自己行为的后果这件事弄得好像针对他这个人，不要说"你这个坏孩子"之类的话，而是只批评他的行为。发火对双方都没有任何好处。在孩子眼里，你的怒气也许会让他觉得挺好玩、很害怕或者兴奋。这只会分散他的注意力，让他无从吸取教训。

4. 尽量短时间内解决。给孩子的惩罚尽量时间短、速度快，这样他能很快有机会改正错误。例如，如果孩子们在争抢看哪个频道，把电视机关上十分钟再打开，他们就很快有机会以其他方式解决问题。患有躁郁父母综合征的父母常常有些小题大做，他们的惩罚方式就是这一天剩下的时间都不能看电视，结果孩子们就没有机会学习如何以不同的方式来解决争抢电视的问题。不仅如此，还可能出现一个令父母害怕的后果：一个一周都不能骑脚踏车或者看电视的孩子非常可能会给父母添更多麻烦！记住，让孩子承担后果的最大目的是引导和教育他们，而非让他们受苦。

5. 抱持合作的心态。如果可能的话，尽量事先向孩子解释他们要承担哪些后果（惩罚），以免让他们觉得太突然。如果你警告过孩子他的行为会带来哪些后果，那么当他不得不承受这些后果的时候，就不会充满怨恨和愤怒。这样做有助于避免孩子出现过激的情绪反应。

事先将可能出现的后果告诉孩子能让执行惩罚的过程更加有效率和顺利。在制定家庭规则的时候尽量让孩子也参与进来，让他们了解这些规则，以及如果打破规则会有什么后果。你和孩子必须对这些规则和后果都非常清楚——我建议在冲突发生之前把它们以白纸黑字的形式写下来，这样双方就不至于情绪激动得非要争个是非黑白。在实施惩罚前要告知你的孩子，例如"伙计们，你们吵得太大声了！如果你们一直这么大吵大闹抢电视，我就要关十分钟的电视。所以尽量不要逼我采取这个措施哦。"

6. 惩罚宜早不宜迟。孩子做了错事之后尽早让他承担后果才最有效。那种"等你爸爸回家之后再罚你"的惩罚方式对于帮助孩子改正自己的行为没什么用。这是因为推迟惩罚给孩子带来的压力可能让他们重蹈覆辙。他们会愈加不愿意为自己的行为负责。不仅如此，随着时间的推移，他们会越来越愤愤不平。叛逆的孩子更有可能将惩罚怪罪于家长，而不是自己的错误行为。立即让孩子承担自己行为带来的后果并反省则有效得多。

贝蒂有一个 8 岁的女儿凯莉，一番辛苦之后她才懂得，让孩子吸取教训一定要趁热打铁。她告诉我："找您咨询之前，我一直以为如果我告诉凯莉我不会立即惩罚她，会让她一整天都在反省自己做错了什么。但是我现在意识到，这样做只会让她恼羞成怒。"

另外，如果你正在气头上，最好不要立即惩罚孩子，因为你很有可能情绪过激，并对孩子过于严厉。相反，你可以说："我眼下特别生气。待会儿等我冷静了，我们再谈。"

7. 使用合理惩罚。请记住，管教孩子的最重要原则是以教育为目的。家长经常忘记，如果孩子不知道他们做错了什么，就永远不可能从事件的后果中吸取教训。所以在让孩子承受某件事情的后果之前，先问问自己："孩子意识到他做错事了吗，他明白这个错误的严重程度了吗？"

我曾经辅导过一个叫尼克的家长，他总是喜欢因为一些小事惩罚孩子。一天，尼克又火冒三丈，因为他发现两个 8 岁的双胞胎女儿在他的床上使劲又跳又唱。"这两孩子已经无法无天了！"他不禁这样想，"她们怎么就不能安安静静地玩，老是这么吵吵闹闹的真烦人。"接着他就威胁她俩，要是再这么闹下去，就不带她们看电影去了。双胞胎中的莉迪亚回答道："爸爸，我们玩得好开心啊。"听了这句话，尼克开始反省自己的语气，然后突然意识到，自己是在用 45 岁成年人的心态看待孩子的世界。他的心开始软下来，说道："那好吧，不过你们能不能小声点儿，也小心别受伤了。"

尼克一说完这句话，孩子们就又继续使出吃奶的劲蹦蹦跳跳。接着尼克就听到一声巨响，好像是他的床架塌了，掉到地上，双胞胎中的伊西发出一声尖叫。这次，尼克冷静、坚定地告诉孩子，她们真的看不了电影了。

然后他告诉她们，只要她们帮他把床弄好，把房间打扫干净，并且告诉他为什么她们在床上蹦跳不是很明智的选择，那么她们有另一个选择，就是下午在家看电视。对于自己处理问题的冷静态度，尼克很满意。他让孩子们清楚地知道自己哪里做错了，并且给了她们应有的惩罚（帮他打扫房间），然而他也没有掌控孩子，因为他给了她们选择权，是不去看电影还是接受打扫房间的惩罚。

保持冷静、坚定的态度，同时做到不掌控孩子的好处就是它能够让你不那么急躁，避免情绪过激，并且帮助你选择更合理、更有效的惩罚手段。孩子也能因此了解自己到底做错了什么，而不是被你的过激反应吓到，或者只想反抗。

8. 愿意和孩子商量。尽管我们都应该学会为自己的行为负责，但我们仍然有弥补自己错误的余地，重新获得因为犯错而失去的东西。例如，我们的法律制度就给了愿意合作的违法者改过的机会，前提是他们承诺并表现出了悔过行为。

我想起了科尔，9岁的罗杰的爸爸。科尔很努力不去做一个"急性子"的爸爸（这是他给自己的标签，不是我给的）。但是有天晚上，科尔宣布说他要带罗杰和弟弟去餐厅吃晚餐的时候，罗杰开始发脾气了。"我们每次都是去你想去的地方，你从来不关心我想要什么。"他说。科尔不得不冷静下来，将"我给你吃的你就应该高兴了，何况我还是要带你去餐厅吃饭"这种从脑子里蹦出的负面想法清除出去。科尔用冷静、坚定的语气告诉罗杰，他不喜欢罗杰的暴脾气。罗杰还是不管不顾地继续闹，把弟弟手上拿的游戏机扔在地上，还用脚去踩，把游戏机的塑料外壳都踩碎了。

第8章 金科玉律：减少惩罚，将对抗变为合作

　　科尔决定给罗杰一些惩罚。尽管做到这一点并不容易，但他还是以冷静、坚定、非掌控的语气告诉罗杰，他无法接受罗杰的这种行为。科尔冷静地告诉罗杰，接下来的一星期他都不能玩游戏机了。罗杰提出自己的抗议，科尔接着问他愿不愿意做些别的来减少不能玩游戏的时间。罗杰同意向弟弟道歉，并且承诺干更多家务活，这样可以挣点钱来修好弟弟的游戏机。科尔的确让罗杰为自己犯的错承担后果了，但是他的方式更加灵活，并且和罗杰一起有商有量。他教会了罗杰"责任"这两个字的含义。记住，惩罚孩子目的不在于报复，而在于教育。

　　请记住关于合作式的合理后果（惩罚）的这八点。请看下面这些对话，我拿这些对话作为具体例子来解释教育孩子的最佳原则。

合理与不合理教育方式之间的差别

大部分家长都会以激动、情绪化的方式惩罚孩子，但这种教育方式并没有什么效果。以下是由负面想法（toxic thoughts，TT）导致的不当教育方式（ineffective discipline，ID）与更积极、更合理、更有效的教育方式（dependable discipline，DD）之间的对比。看完这组对比，你就能立刻明白这两种教育方式之间的差别。

TT："这个孩子没救了。成天只知道睡觉，从来没有主动做过什么事情，他对自己的生活已经完全放弃了。"

ID："这两个星期里你已经是第二次没有按时起床，又没赶上学校的巴士。这个星期你被禁足了，哪儿都不许去！"

DD："我不知道你怎么又睡过头了。我很担心，今天晚上得好好

跟你谈谈。我们一起想办法看能不能让你早点睡。我有些想法，但还是想先听听你的。"

TT："每次我稍微让点步，这孩子就得寸进尺。你这是在告诉我，你根本没有自控力，我也不相信你会有什么良好的判断力。"

ID："你已经玩了两个小时的电子游戏了。现在你是自作自受——这个星期你都不能玩电子游戏了！"

DD："玩电子游戏已经影响你做别的事了。我希望你在接下来的两天里歇一歇，别玩了。我们一起讨论一下，看能不能找到一个好方法，让你既能玩电子游戏，又不耽误干别的事。"

TT："你这个臭小子被惯坏了，对我一点儿都不尊重。"

ID："你怎么敢用这种语气跟我讲话？今天下午你别想去逛商场了。"

DD："你用这种态度跟我说话，我没法接受。我不会带你去商场了，因为如果我带你去了，就好像是我认可了你的错误行为。现在请你坐下来，告诉我为什么你要跟我发这么大的脾气。"

TT："我根本不可能指望这孩子能帮我的忙。他一点儿都不关心我的需要。"

ID："你怎么又回来晚？我真是受够了！现在你不用想去周五晚上的音乐会了。"

DD："嘿，我们真的需要好好谈一谈了。我不知道你为什么总是过了规定的时间才回家。我一直很担心你的安全，你周五晚上去听音乐会这事，我要再好好想想。你觉得你有办法能保证以后都按时回家吗？"

我希望你能从上面的对话中学到如何合理有效地教育孩子及给予惩罚。一旦体会了合理教育孩子的原则，孩子不听话的时候，你就可以将这些知识应用到孩子身上。

关于体罚的特别提示

本书的重点就放在家长的负面想法上，我认为负面想法可能会导致或者加剧家长对孩子的体罚。减少负面想法能够降低家长使用暴力的可能性。可是如果你常常体罚孩子，那我建议你去寻求专业人士的帮助。

我12岁的时候有个叫艾伦的朋友，他总是有点儿笨手笨脚的样子。一天我在他家，看到他把一个沙包朝姐姐扔过去。结果他没扔准，反而打破了玻璃。艾伦的妈妈气得冲他嚷嚷，还说等他继父回来肯定要好好"教训"他。我亲眼看见艾伦一听妈妈提到继父就怕得全身发抖。艾伦的继父伯特体格粗壮，性情急躁，教育孩子的方式也很严厉、粗暴。当伯特回到家里，问是谁打破了窗户，艾伦只好向继父承认是自己打碎的。伯特冷酷地告诉艾伦上楼去把"皮带"拿下来。艾伦回来后，我和他在客厅坐了三个小时，等待惩罚的降临，他的继父则面无表情地做着自己的事。伯特认为，恐惧和威胁是管教孩子的最有效手段，如果惩罚被推迟一段时间，则会更有效果。在实施惩罚之前,伯特一句话也不和艾伦说,直到他终于转向艾伦,对他说,"走吧",然后把艾伦推到了楼上他的房间。一分钟后,艾伦的惨叫在整个房子里回荡。我还记得当时自己是多么害怕,怕得全身一直发抖。

研究表明,体罚(例如暴打或者掌掴孩子)和责骂都不是有效管教孩子的方式。尽管体罚似乎能起到立竿见影的效果,从长远来看,它带来的危害远大于起到的作用。为了避免被体罚,孩子会按家长的吩咐去做,可一旦身边没人管着他们的时候,他们就会为所欲为。这是因为孩子不知道正确和错误行为的区别。不仅如此,体罚还会使孩子感到羞辱和沮丧,让他们觉得自己是坏孩子。如果孩子陷入严重的麻烦,需要你的帮助,他会因为恐惧而不敢向你求助。

体罚与虐待孩子之间仅有一线之隔。我一直认为,在身体上或者口头上虐待孩子的家长,他们脑子里一般都充斥着各种负面想法,例如"你就是我婚姻失败的原因",或者"我要好好地打你一顿,只有这样你才会听话",又或者"生了你之后我的生活才这么悲惨"。在我从业的过程中,我帮助过很多家长控制他们的负面想法,获得了更加清醒的头脑。同时也请记住,本书不能替代专业人士的帮助。基于显而易见的原因,我认为长期且有强烈负面想法的家长应该去找专业人士进行咨询。

不要过于溺爱孩子

和对孩子过于严厉一样,过于溺爱孩子也会带来问题。尤其是那些惯于否认事实的家长，他们对孩子会太过宽容。他们总是认为，"时机到了，孩子自然会从外面吸取该吸取的教训。我就别让他们难过了。"是的，其他人会很乐意教育你的孩子，让他承担该承担的后果，但这会给孩子带来更大的痛苦，过程也会更曲折。只有你，作为家长，能够教育他如何解决问题，弥补过失，让孩子在你爱的庇护下学会成长。

如果家长太软弱，对孩子的问题视而不见，就会失去孩子的信任和尊重。慈母多败儿，过于溺爱孩子的家长造就的叛逆子女并不少于专制、蛮横的家长造就的叛逆子女。

过于溺爱孩子的家长不能坚持原则，他们对孩子缺乏必要的管教和约束。即使他们定下了一条规矩，也不见得能够执行。他们让孩子掌握了主动权。溺爱孩子的家长会说"他累了的话自然会上床睡觉""如果她早上吃点冰激凌也没什么"，或者"她对我不礼貌也没什么大不了，因为我知道过了这一阵子就好了"这类的话。

被家长溺爱着长大的孩子习惯了想干什么就干什么，与别人的相处就会出现问题。他们一般都会由着自己的性子乱来，以自我为中心，而且很叛逆！如果你是一个对孩子很放任的家长，也不要因此而自责。你之所以过度溺爱孩子，很可能是由几个原因造成的。也许在你的成长过程中，父母对你太严格、太专制，所以你决定采取完全不同的方式来教育自己的孩子。或者你放任孩子不管是因为自己压力太大，没有精力去制定规则并执行。有吸毒或者酗酒问题的家长也许没有能力来管束自己的孩子，并且无法坚持原则。

如果你曾经过度溺爱孩子，那么你从现在开始可以学着变得更有觉知力，观察自己在哪些方面太放纵孩子，并且下决心做出改变。也许你不喜欢冲突的存在，在面对叛逆孩子的时候，为了避免出现更多的冲突和混乱而选择息事宁人。如果是这样，请继续用冷静、坚定和非掌控的态度与孩子进行沟通。即使孩子一开始会表现得比较任性，也要用冷静、坦诚的态度与他交流。鼓励孩子以同样的态度与你对话。向他指出来，如果他能用冷静、坚定、非掌控的态度与你交流，你将给予他更多关注，他也能做更多自己喜欢做的事情。记住，坚持自己的教育风格是一个不小的挑战，也需要时间和精力。然而，以这种方式教育出来的孩子会更听话，也会更尊重家长。

总结

在思考用何种方式惩罚孩子的时候，请记住以下几点。

- 清除负面想法、更理解孩子、和孩子有更好的关系，这些才是让孩子从错误中吸取教训、做出积极改变的最好方式。
- 惩罚手段不一定要多么复杂或者激烈。
- 仔细思考使用什么样的惩罚手段，利用这些惩罚来帮助所有的孩子，尤其是那些叛逆的孩子。
- 有些惩罚（后果）会自然发生。合作式的合理后果（惩罚）能帮助你避免孩子的反抗。
- 过度溺爱和过分严厉都会造就问题儿童。

第 9 章

保持积极能量的流动

Liking the Child You Love

我希望结束前 8 章的阅读以后，你的育儿方式和亲子关系已经有了显著的改善。通过学习书中提供的新方法，你现在的想法和情绪应该已经变得更加正面和积极。如果是这样就太棒了！我相信，即使遇到棘手的情况，你也能够应付自如。更重要的是，你现在更喜欢自己的孩子了。

来找我咨询的夫妇罗珊娜和艾力克很欣喜地告诉我，他们 14 岁的女儿安玛莉本来因为内心的焦虑而表现得非常叛逆，清除自己负面想法的方法帮助他们与女儿建立了更加良好的关系。罗珊娜说："杰夫博士，因为我采用了更积极的态度，所以女儿也变得更好管了。以前我从来不知道注意自己的想法会有这么大的作用。我知道了这些想法会影响我，使我看不到孩子身上的优点。现在我与孩子之间相处得非常好。"

目前你所学会的所有新方法都以清除负面想法为中心。现在你已经是一个充满正面想法的家长，并且熟知如何让孩子得到合适的教导。现在，你能够更聪明地应对孩子身上出现的问题和叛逆行为。

本章将带领你走上一条新的道路，在这条路上，你将学会如何保持那些积极的变化。当然，有时候你还是会为了孩子的事情伤脑筋，但是这样的时候会越来越少，躁郁父母综合征也会逐渐远离你。

予以积极关注

你现在已经完全心领神会,我们越从积极的方面关注孩子,他就越不会用负面的行为来引起我们关注。道理很简单,孩子希望能从家长那里听到表扬、得到支持,这样才能让他们自我感觉良好。即使是我在办公室里遇到的最叛逆、最厚脸皮和最麻烦的孩子,也希望能够得到父母的肯定。为了满足孩子希望获得积极关注的需要,你要有正确的心态。

积极关注能够给予孩子积极能量。奖励和表扬能让孩子继续表现良好或者注意自己的行为。尽管这一点看起来容易,却有太多家长因为使用不当而导致事与愿违。积极关注孩子的作用被完全忽视了。

要让孩子自我感觉良好

奖励对孩子的吸引力在于它们能够激励孩子。想一想,我们真正特别想要去做什么事情的时候,是不是因为这件事让我们觉得愉快?当孩子从你那儿获得一个微笑、鼓励或者拥抱的时候,他会感觉特别好。奖励是一种很有用的工具,它能鼓励孩子几乎是立刻表现更好,或者更加合作。

叛逆的孩子做出正确的选择时尤其需要得到奖励。他们需要额外的鼓励来弥补因为自己表现不好而带来的负疚感。

积极关注带来积极改变

我把"积极关注"这个章节放在书末是有原因的。在成功清除负面想法之前，要勉强你去奖励你认为很难管教的孩子可能并不容易。但是现在，既然你的思维方式已经趋向于越来越正面，我敢肯定，你跟孩子的关系肯定已经越来越好，他们也不再那么不听话了。你现在所处的位置，能让你更加清楚地"捕捉"到孩子的优点。你"捕捉"到的优点越多，给孩子的奖励越多，他们就越会表现出优点。你越鼓励孩子的正面行为，他们的负面行为就越会受到抑制。这是因为以下两点。

- 孩子不可能既听话又调皮捣蛋。他越听话，叛逆行为就越少。
- 你越将注意力放在孩子的优点和正面行为上，就越能发现这些行为带来的改变。

对自己的积极心态保持觉知

前面我已经指出过，能够时时觉知并克服自己的负面想法非常重要。对自己的积极心态保持觉知也非常重要。很多家长之所以无法给予孩子足够的积极反馈，就是因为他们并没有把这件事放在很重要的位置上。如果你能保持时刻警惕自己的负面想法这个健康习惯，也保持时时给予孩子积极反馈这个良好习惯吧。

在第4章中，我强调过要对自己生命中所拥有的一切以及孩子的健康和优点心怀感激。然而遗憾的是，很多家长总是对孩子的优点和乖巧行为视而不见。"古亚娜好几个月才打扫一次自己的房间，我为什么要注意到，甚至就因为她干了活，我还得跟她说'谢谢'？"心烦意乱的妈妈南茜这样问我。

记住，要努力关注孩子的正确行为。你关注到的这种积极行为越多，就越能把它们作为证据来反驳自己的负面想法。现在明白了吗？这就是一个良性循环：清除负面想法能帮助你注意到孩子的积极行为，而对孩子的积极行为保持觉知又能够帮助你清除更多的负面想法。这就是为什么对于孩子的积极行为予以关注能够帮助你将所有的负面想法清除殆尽。

习惯养成并不容易

我知道确实不容易。你看到的往往是孩子不听话的一面——拒绝与你合作，拒绝做家庭作业，拒绝告诉你为什么没有按时回家。老实说，要养成时刻注意孩子良好行为的习惯真的很不容易。在清除自己的负面想法之前，你也许应该学会对孩子的负面行为有充分的心理准备。

如果你忽略了孩子值得表扬的行为，也不要因此感到很愧疚。因为我还发现，在上下级关系中（例如在夫妻关系中、与兄弟姐妹关系中，甚至是在友谊中），人们往往会忽略对方的优点。想想是不是这样：如果老板叫你到他办公室去，你的第一个念头肯定不是"我要升职了"，而是"啊？我做错什么了？"

问题在于，父母往往（或者孩子认为父母）只会更多地注意到孩子的负面行为。所以孩子会跟你失去理智地大吵，摔门而去，和兄弟姐妹吵架，或者做任何他们想得到的、能够让你的负面想法爆发的事情。在一个极端的例子中，一个17岁的女孩试图以自杀来引起父母的关注。好在接受我的心理疏导后，她和她的父母开始相互理解，并且关系也比以前紧密。然而她还是认为，只有性命攸关的事才会引起父母真正的重视。

也许孩子并没有意识到，他做错事的时候会引起你相当的关注。但是他终究会知道的。孩子也许不像我们那么理性，但他们可是很知道该如何得到自己最想得到的东西——你的关注。

父母常常搞不明白，为什么对孩子负面行为的关注，结果还让他们变本加厉？这似乎不合逻辑啊，对不对？我曾经辅导过的一个妈妈就很不理解："为什么尚塔尔喜欢我冲他大吼大叫？难道他不应该喜欢安安静静地回家然后跟我打个招呼吗，即使我并没有注意到他？"

孩子之所以会故意做出让你讨厌的行为，是因为他能够得到你强烈且快速的反应。不仅如此，他还知道你也许会因此感到内疚而向他道歉，这一点让他觉得很得意。当然，你越清除自己的负面想法，这一切就越不会发生。然而你要知道，即使你清除了绝大部分的负面想法，孩子在思想上仍然还未成熟。所以当孩子持续表现不良时，要记住他还只是个孩子，不要因此而大发雷霆，完全忘了之前他的种种优点。

孩子会抑制不住自己的脾气，变得很冲动，并且口出恶言。我赞成你批评孩子的错误行为或者指出他对你缺乏尊重。与此同时，如果你明白瑕不掩瑜的道理，就请把更多的注意力放在他的优点上，你和孩子都会过得更好。当你学会抑制住自己的情绪，你也将忽略孩子的情绪过激。剥离自己的负面思维模式是你在这条道路上取得的重大进步。

我怎么能贿赂孩子呢

当孩子表现不好的时候，许多家长似乎就不愿意关注孩子的优点，也不肯给他们奖励。他们的想法是："即使他偶尔有表现好的时候，我也不应该表扬他，这不等于在贿赂他吗？"看，家长是不是又陷入了"应该或者不应该"的思维模式？即使用意是好的，家长有时候也会混淆什么是表扬、什么是贿赂。

很多家长也坚持认为表扬和奖励孩子并不能达到鼓励他们表现良好的目的。我问这些家长，他们是否使用奖励手段来制止孩子的不当行为，而不是鼓励正确的行为。我的一个女儿上幼儿园的时候，我曾经目睹一个妈妈为了让正在缠着她大哭的女儿安静下来，就对她说，"如果你不哭了，待会儿我就带你出去吃个冰激凌。"这才是贿赂，并不是鼓励。尽管我真的理解家长为什么这么做（哪个家长也不想让自己的孩子在公共场合失去控制，这样让家长既难受又难为情），但是这样使用奖励手段才是贿赂，而且通常不怎么起作用。

贿赂和奖励常常让人分不清楚。这种贿赂的问题在于它让孩子意识到，只要自己在学校使劲哭，并且最后停下来就能吃到冰激凌。此时负面行为受到了奖励。到了孩子再大一点，他就会发现保持自己的房间一团糟，就能得到某种奖励，不管是去逛商场还是玩电子游戏，只要最后又把房间打扫干净。

而因为对孩子积极行为的鼓励和奖励挂上了钩（不管是口头的还是非口头的），家长有时候就会分不清"奖励"和"惯孩子"。儒勒斯有一个12岁大的儿子叫巴利，最近儒勒斯跟我说："你知道吗，巴利这孩子现在对我还是不尊敬，挺让我恼火。现在你让我在他做对事情的时候表扬他，我倒觉得这样会更把他惯坏了，或者他总是巴望着我给他什么奖励！"

这种话我真的听得太多太多了。我让他静下心来好好想想（有时候气急败坏的家长需要这样的提醒）。

杰夫："我看你穿着高尔夫球衫。你喜欢打高尔夫？"

儒勒斯："可不是。只有打高尔夫的时候我脑子才能清醒清醒。我至少一周打一次吧。"

杰夫："所以平时你忙忙碌碌的，打高尔夫就像是一种奖励，能帮你减压？"

儒勒斯："嗯，应该是的。你到底想说什么？"

杰夫："即使你的成绩很差或者工作上有好几天都不顺，还是会去打高尔夫对不对？"

儒勒斯："哈，那当然，即使碰到了麻烦，打高尔夫也能让我高兴起来。"

杰夫："所以可以这么说，即使你跟巴利的关系处得不好，打高尔夫仍然是一件值得你去做的事情。"

儒勒斯："是的。这是一种很好的运动。"

杰夫："儒勒斯，看起来打高尔夫就是你给自己努力工作、努力做个好爸爸的奖赏。那么它肯定就不是一种你为了让自己好好生活而给自己的贿赂了。"

儒勒斯："嗯，如果你这么说，我就明白你的意思了。打高尔夫是我让自己高兴起来的方式。是的，我觉得这就是一种对自己正面的肯定，即使我根本就不完美。如果我不努力看到巴利的优点，并且表扬他，而是等着他自己长大懂事，这对他就太不公平了。"

儒勒斯完全明白了我的意思。在职场中，绝大部分人都是每天准时上班，努力工作，然后以领工资的形式受到奖励，并不是被贿赂或者被宠坏了。这是他们努力工作后应得的报偿。不管你在哪里，如果你对其他人很友好，他们也会对你报之以友好。这些"奖励"共同的特点就是会让你感觉非常棒，也会让你选择继续对其他人友好。这些就是正面肯定最好的例子。

很快我就会谈到，奖励不一定也最好不要是物质上的。事实上，一个家长所能给予的最有效的奖赏很简单，也不花一分钱，而且很方便，那就是口头上的表扬。例如家长可以这样说："今天早上你太让我感到骄傲了。你没有哭，也没有黏着妈妈。你就直接去上学了。真是一个勇敢的小姑娘。"或者家长还可以这样说："妹妹找你吵架的时候，你没有理她，我太为你感到高兴了。"或者，家有处于青春期孩子的家长可以这样说："嘿，你出门前我让你打扫房间，你真的去打扫了，我得表扬一下你。谢谢你这么快就把活干完了。"

对孩子有合理的期望

有些家长不愿意表扬孩子，因为他们对孩子的期望太高了。请一定听清楚了，家长必须鼓励孩子去挑战合理的目标。同时，如果家长的期望太高，也不够灵活，孩子就会感到非常挫败。这样只会起反作用，让他们再也不敢去尝试。

我第一次见到17岁的拉斐尔时就知道，是他的父母太不实际的期望让他失去了动力。拉斐尔去年暑假在费城一家酒店做门童，还在一家很受欢迎的餐厅当侍应生。他已经省吃俭用存了6000多美元，但是父母希望他能在暑假存够7500美元，作为上大学的学费。拉斐尔的父亲路易斯是个非常成功的理财规划师，母亲罗贝塔则是一位急诊室医生。就算我不是会计师，也知道这个家庭眼下不可能面临财务上的困难。但路易斯和罗贝塔都跟我抱怨说，拉斐尔还不够努力，所以挣不上那1500块。当我和拉斐尔单独在办公室的时候，他告诉我，他姐姐去年拿到了一所常青藤大学的全额奖学金。尽管拉斐尔也很努力，但在学业上并不突出，所以他感到自己永远都不够好。

一开始，拉斐尔不肯告诉父母自己的感受。在咨询过程中，当我问他的父母是不是为儿子感到自豪时，两个人都回答："当然啦。"拉斐尔则说，他不相信他们，并且告诉了父母自己的真实感受。这时他的父母都哭了起来，意识到正是自己的要求让拉斐尔感到绝望。路易斯和罗贝塔开始看到，儿子在家里严苛的气氛下如何痛苦挣扎着才能取得一点成就。

从那个时候起，路易斯和罗贝塔将他们对儿子的期望调整到了一个合理的水平。在一次非常难的化学考试中，拉斐尔只拿到了C+，但父母告诉他，他们很为他感到骄傲，父母的话让拉斐尔简直不敢相信自己的耳朵。化学一直是拉斐尔觉得最难的一科，听到父母的表扬，让他觉得备受鼓舞，也让他充满了积极学习化学的动力。

口头表扬有最积极的影响

口头表扬是最好的奖励，因为它既不用花钱，也不会花任何力气。最重要的是，它比给孩子一个玩具或者好吃的要有意义得多。就像前面提到的拉斐尔一样，他就觉得父母的肯定对他来说比什么都重要。

当然，我们也可以给予孩子其他形式的奖励，例如延长他们玩电子游戏的时间，或者给他们更多好吃的，这些对于愿意同父母合作的孩子来说不一定是不好的或者没有用的奖励。在有些情况下，它们也许能够鼓励孩子保持正确的行为。（更多建议请见下文关于如何给予孩子物质奖励的内容。）

即便是这样，我也从没见过一个孩子或者成年人不喜欢听到父母说，"我们深深地为你感到骄傲"或者"我知道你在这件事情上付出了多少时间和努力，我为你感到自豪"。人们不论在什么年纪，都希望能听到父母对自己的表扬。

你作为一个父亲或者母亲，对孩子有很大的影响力。过去如此，将来仍然如此。你给予孩子的发自内心的表扬对他们来说极为重要。不管你的孩子是9个月、9岁，还是29岁，他都想知道你为他感到骄傲。

如何口头表扬孩子

表扬孩子的时候，一定要确保你的表扬有意义。所以，一定要记住以下几点。

1. 不要迟疑。 尽管我是表扬孩子的忠实信徒，但是有那么几次想要表扬自己孩子的时候，我会担心时机不对或者是否应该表扬。遇到这种情况，我的建议是，停止用头脑去思考，开始表扬孩子吧。有些家长害怕如果过多表扬孩子，孩子会感到反感。只要你不是一周 7 天，一天 24 小时不停表扬孩子，那么你对孩子优点的表扬就绝对不会嫌多。（请从表 9-1 中了解什么时候该表扬孩子。）

2. 表扬真诚可信。 即使是那些有点儿叛逆、觉得自己和父母一样平等的孩子也知道什么是羞愧感。我辅导过的一些孩子很难相信父母的表扬，因为他们觉得父母的表扬不真诚。让自己的表扬显得真诚很容易，只要它们发自你的内心。我最近听到一个父亲告诉他 14 岁的女儿："我很骄傲你诚实地告诉我，你的朋友强迫你跟她们一起吸烟。"当她看到父亲真诚的表情时，她相信父亲对她的赞许是发自内心的。

3. 尽量具体。 你的表扬如果非常具体，听起来就会更真诚、更有力。告诉孩子你具体因为什么表扬她，会让她觉得你的表扬更加可信。例如"谢谢你说了'请'和'谢谢'这两个词"能让孩子知道他们做了什么让你很高兴。这就比说"你今天真有礼貌"要更有效果。说"你帮我把买的东西搬上车又搬下来，还没有一句怨言，我真的很开心"就要比"我对你今天的行为感到很高兴"要具体得多。

所以请记住，让孩子知道自己与从前比有了哪些不同，为什么这些变化让你感到欣喜，是非常重要的。这里还有一些例子。"谢谢你不用妈妈吩咐就主动把餐桌上的食物残渣打扫干净，这样我就能更加专心地清理厨房的台面了。""我很高兴当我不能载你的朋友去上班时，你平静地接受了，没有发脾气。"

4. 语言精简。 很多家长在表扬孩子的时候都有个通病，就是喜欢啰啰唆唆说一大堆。我自己当然也犯过这种错误。为了不让孩子觉得你的表扬虚情假意，记住点到即止。语言尽量简短："今天你在商店里很耐心，也帮了我很多忙。"如果她耸耸肩，似乎并不相信你的表扬，也不要被她骗了。你不用为了说服她，说"不，你要相信我，是真的。要不是你帮忙，我真的……"。她听到了你的表扬，其实心里很开心。相信正面语言的力量，让它的能量慢慢运转。

5. 越早越好。一看到孩子做出正确行为或者正确决定就要尽快予以表扬。耽搁的时间越长，表扬的效果就越小，也就不太可能激励孩子保持正确行为。当然，一开始你也许会错过了表扬孩子的机会，这很自然。所以如果你这么说也可以，"我只是想告诉你，我注意到了你今天和弟弟分享了玩具。你很贴心。"

6. 随时表扬，方式多样。每次表扬孩子的时候，不要同样一套话说来说去一成不变。你的口头表扬越不重样，就越能吸引孩子的注意。斯金纳博士就曾教过我们，如果你看到孩子大清早就开始写家庭作业或者下午主动学习，不要仅仅只是口头表扬，乘兴给他买一张新CD或者他念叨了好久的一款新滑雪板，都会极大激发他的积极性。想一想，如果一个人每天见到你的时候都用同样的语气和态度跟你打招呼，你是不是就会心不在焉，慢慢不再注意到这个人。然而，如果这个人见到你的时候语气很活泼或者问你问题，你也许会更加注意他。如果孩子做了什么值得表扬的事情，你每次说的都是"棒极了"，那么表扬将慢慢失去作用。她会觉得你只是机械地做出反应，而且她是对的。让自己对孩子的表扬形式多样，能让孩子觉得你的表扬既诚实又发自内心。

发现值得表扬的行为

表 9-1 列举了一些值得表扬的行为。把它复印出来放在某个随手能拿到的地方，供自己参考。这个表格能帮你发现并且奖励孩子做出的良好行为。空白部分用作你补上自己孩子特有的一些值得表扬的行为。

表 9-1　值得表扬和奖励的行为举例

交了新朋友	表达帮助别人的意愿	灵活、不固执	解决冲突
自己铺床	没有打断别人说话	没有打扰别人	语言幽默
和别人分享玩具	举止有礼貌	开始写家庭作业	完成家庭作业
求助	不吵吵闹闹	走路轻悄	向别人道歉
打扫房间	遛狗	将垃圾带出去	友好
诚实	按时起床	洗澡	刷牙
有耐心	向父母敞开心扉	说话轻言细语	冷静或者放松

奖励加表扬，孩子更开心

如果是日常鼓励孩子，口头表扬是最好的方式。但还有一些其他形式的奖励，和你的表扬双管齐下的话，能更加有效地提高孩子的积极性。一个新的玩偶、一瓶指甲油、一张电子游戏碟片，或者一件新衣服，都能让他们兴高采烈或者大吃一惊。

我在前面提到过著名心理学家斯金纳。他提出的正面强化理论相当复杂，但是他得出的两大结论对于你们来说却非常重要。首先，斯金纳的理论显示，奖赏能够左右一个人的行为。其次，当我们不知道会得到什么奖赏，或者什么时候会获得奖赏时，则积极性大增。这就是为什么孩子总喜欢神秘礼物，而成年人喜欢去赌场碰运气。

给予孩子非口头奖励时，请遵循以下五大规则。

1. 尊重孩子的意愿。 只有孩子真正想要的东西才是最有力的奖赏。让你的孩子坐下来，跟你一起仔细阅读表 9-2 或者表 9-3。和孩子一起商量他最喜欢哪些奖励，这就给了他努力的目标。

表 9-2 适合学龄前或者上小学的孩子的奖励

玩陶土或者橡皮泥	和妈妈或者爸爸单独去一个地方	帮助爸爸或者妈妈计划一天的活动
帮助爸爸或者妈妈干活	在浴缸里多待一会儿	和爸爸或者妈妈骑一辆车
出去吃冰激凌	和朋友们一起玩	喂宠物
去公园玩	在沙坑里玩	玩拨浪鼓、木琴或者铃铛
和爸爸或者妈妈玩棋盘游戏	去图书馆	用蜡笔画画
在床上跳来跳去	在外面玩	玩一次电子游戏或者上一个好玩的网站
推迟睡觉	去动物园	租一部游戏机
一起读一本书	骑在爸爸的肩膀上	出去吃饭

表 9-3 适合青少年的奖励

延长与朋友讲电话的时间	和朋友出去玩	独自出去旅行
找一份兼职	某天可以开车去学校	比平时晚睡觉
从父母那里拿钱买一样东西	收到一份神秘礼物	去游乐园
和朋友们去逛街	邀请朋友出去吃饭	周末可以晚睡
在银行有自己的账户	订一份杂志	一家人出去吃饭的时候可以跟朋友单独坐在一块
和一个朋友去看电影	玩电子游戏	租一部新游戏碟片
看 DVD 碟片	剪头发或者做头发	滑雪
重新装饰自己的房间	和朋友参加活动	去夏令营

2. 不要以非口头奖励替代口头表扬。 当你觉得孩子有了积极的变化或

者取得了某种成就时，例如上了光荣榜，或者在一个非常难的考试中得了B（甚至可以是C+），又或者两周没有跟弟弟吵架，可以将其他形式的奖励作为口头表扬的补充。例如有些较小的孩子觉得糖果就很好了。表9-2列出了一些适合学龄前或者上小学的孩子的奖励，表9-3则是适合青少年。

3. 了解孩子最重视的是什么，什么对他们来说是健康和有价值的。给孩子糖果或者冰激凌作为奖励最方便了，但这样会让他们摄入太多糖分，甚至导致有些儿童变得肥胖。所以最好知道除了糖果之外，你的孩子最喜欢什么，将它们作为替代糖果的奖励。延长看电视的时间，延长和朋友电话聊天的时间，去朋友家里过夜，周六去商场逛一天，绝大部分孩子都喜欢这些奖励，会因此充满积极性。

4. 做出良好行为之后给予奖励。为了避免贿赂孩子，只有在孩子表现好了之后才给予奖励。

5. 不要忘了继续鼓励。很多家长总担心自己会忘了惩罚孩子，却从不担心自己会忘了奖励孩子。如果你说过了会奖励他们，就一定要做到。我见过太多家长对于自己与孩子的约定不以为然，结果却因为孩子没有兑现自己的承诺而暴跳如雷。

看看前面那两个表格，想想自己可以如何奖励孩子。记住，这些只是其中很少的一些例子，还有无穷的可能性等着你去开发。

鼓励孩子的努力，因为这种努力也很重要

尽管我们一直在谈论孩子的行为和成就，其实孩子的努力也一样重

要。来找我咨询的成年人，很多到现在都还因为童年时期没有得到足够的表扬而感到痛苦。赞扬和其他奖励对孩子很管用，但鼓励同样重要。鼓励旨在表扬孩子付出的努力，表扬则重在认可结果。这些对于巩固孩子的正面行为都非常有用。要学会鼓励孩子，请看下面的建议。

1. 善于接纳。前面我曾经提到过一个叫拉斐尔的孩子，他的父母都非常成功，有时候却不明智地（或者聪明地）给孩子传达了一个信息，那就是他们只接受能够达到他们要求的孩子。每个孩子都有一个最基本的需求，就是需要有归属感，感到被接纳和需要，尤其是被父母接纳和需要。如果你对孩子的接纳基于他们的成就，这只会伤害孩子的自尊。

2. 给予自信。所有孩子都有学习能力，虽然有的孩子可能比其他孩子要花上更长的时间才能掌握某个概念或者学会某项技能。你在孩子感到挫败和失望的时候相信他有能力继续下去，相信他最终能够成功，相信他不会辜负自己的人生，这些都决定了孩子是会成功还是失败。为了让孩子看到你的信心，你必须真的相信他有能力获得成功。如果你对他没有信心，那么他对自己也没了自信，这会给他带来双重打击。

3. 回忆孩子过去的成就，鼓励他继续前进。回忆过去取得的成功，能帮助我们获得更多成功。过去的成功能够为我们指明方向，并为我们提供迎接新挑战的动力。有问题的孩子大多看不起自己过去取得的成功。你可以用冷静、坚定和非掌控的语气提醒他过去有哪些做得好的地方，作为对他的一种鼓励。比如下面这个例子："去年的数学课你特别努力，尤其是你因为太难想要放弃的时候。我知道现在你又想放弃了，但是你去年没有放弃，我知道你有坚持下去的能力。"

4. 化整为零。 将挑战分解成一个个小任务，能帮助孩子放慢自己的思想和情绪，避免他们觉得自己应付不了。有情绪问题的孩子大多比较执拗，也很容易情绪激动。下面这个例子告诉我们如何鼓励孩子减少他们面对困难时感到的压力："我知道这个报告有点儿长，但是我觉得如果你把它分解成一个个小部分，就不那么难写了。"

保持对孩子的喜爱

我们要时时提醒自己，不仅爱自己的孩子，还要喜欢他们。我们要尽力通过语言和行动告诉孩子，我们深爱着他，也喜欢和重视他。现在既然你已经学会了很多清除负面想法的技巧，请一定告诉自己，要无条件地、尽情地喜欢自己的孩子。下面的这些话你的孩子肯定爱听。

- "我很喜欢听你讲笑话。"
- "我很喜欢跟你一起逛商场。"
- "我知道你因为没被选上很失望，但我也知道你已经尽力了，这才是最重要的。"
- "我很喜欢看你专注练琴的样子，太酷了。"

要为孩子创造充满鼓励和支持的家庭氛围，请继续看下面这些例子。

- 毫不吝啬地展示你对孩子的理解和爱。

- 对他犯下的错误和任何暂时的倒退保持耐心和宽容。
- 不要在其他人面前批评他。
- 每天花点儿时间和孩子聊天，倾听他想说什么，对他参加的活动表现出很感兴趣。
- 不要害怕触摸、拥抱和亲吻你的孩子。
- 让他知道，不管发生了什么，你都会爱他。

对自己信心满满

本书的重点主要在于你能使用哪些技巧和方法增强孩子的自信和整体情绪健康。你为此投入了那么多时间和精力，你应该为此感到自豪！你愿意努力改善自己的教育方法和亲子关系，我希望你能为此感到非常自豪。为自己自豪，而且你也是在帮助自己的孩子。你对自己评价越高，孩子就会对他自己评价越高。请看下面的"为自己的付出点赞"，肯定自己的付出，能让你更加努力。

为自己的付出点赞

看看下面这个清单，有哪些是自己做过的，给自己点个赞。

训练孩子大小便　　　　　　　　　_____

观看孩子的比赛　　　　　　　　　_____

为家人做饭 _____

给孩子报名参加体育活动 _____

每天为孩子挑选要穿的衣服 _____

给孩子洗澡 _____

教孩子系鞋带 _____

教孩子阅读 _____

指导孩子完成家庭作业 _____

带孩子与小伙伴一起玩 _____

晚上给孩子讲故事 _____

参加家长会 _____

带孩子打保龄球 _____

招待小朋友在家里过夜 _____

给予孩子温暖和爱 _____

参加学校的音乐会 _____

观看孩子的体育比赛 _____

向孩子表达自己的爱 _____

为节日装饰房子 _____

听孩子讲这一天发生的事 _____

尽管孩子不听话，但还是爱他 _____

不管上面的这些你做到了多少，我希望你能为自己的付出感到自豪。在下节中你将看到，你与自己对话的内容将在很大程度上影响你如何看待自己做的所有好事和犯的所有错误。

用积极的语言影响自己

我在第 2 章中首次介绍了与自己对话的概念。我的目的是帮助你意识到我们每天有多长时间在自言自语。我已经教会了你如何克服关于孩子的负面想法。一定要记住,你的思维模式决定了你的感觉和行为。

消极的自言自语,例如"我根本就不应该生孩子"或者"我太无助了"将会削弱你的自信。时刻觉察自己的自言自语,尽量让它变得积极正面。自言自语是积极的,你将更加冷静和放松。例如,如果你对自己说,"我觉得我处理那场冲突的方式太有效了"或者"我没有大吵大闹,太棒了",你就是在表扬自己,这会极大减轻你的压力。

如果你能时刻觉知自己对孩子的无私付出,你将会对自己作为家长感到非常自豪。我希望你能警惕可能对自己做出的任何一种消极的自我暗示,例如以下几种。

- "我是个差劲的爸爸。"
- "我是个没耐心的妈妈。"
- "我没有一秒钟是属于自己的。"
- "每个人都在向我索取、索取、索取,没有一个人为我付出。"

前面我曾经提到过,当家长对孩子不满意、对孩子不够耐心的时候,他们会感到很羞愧。一定要警惕自己的想法是不是又扭曲了事实,因为这些想法表示你又在过分苛责自己了,它们只会让你充满了挫败感和疲惫。

我们学过如何反驳自己关于孩子的负面想法,现在要把同样的方法用在自己身上。例如下面这些例子。

- "我是个糟糕的妈妈。"(实际上,我是个关心孩子的妈妈,我只是有些情绪失控。)
- "我早就该知道的。"(我要告诉自己,不要用"应该"这个词把自己绑架了。)
- "其他家长没有我这么痛苦。"(很明显,这本书的读者可不止我一个。)
- "当家长会一直这么难。"(回忆过去那些轻松的时光时,我会感觉好一点儿。)
- "我的孩子没有别人家的孩子表现好。"(这不一定是真的,即使是真的也没关系,我会尽自己所能帮助孩子。)

你也许还记得我提到的"贴标签"的行为,如果你给了孩子一个负面标签,他就会照着那个标签长成那样的人。这个原则同样适用于你。贬低自己作为家长的价值只会抵消你以前付出的所有努力和做出的所有改变。这种负面想法会导致家长产生畏难情绪,让他们只好举手投降。"都已经这样了,努力还有什么用呢"的态度用一位家长的话就是"船都要沉了,还挪座位,有用吗",说这话的家长告诉我,他女儿太叛逆,他永远也不可能让她听话了。幸运的是,他坐的这艘船并没有沉,因为他和女儿努力解决了他们的问题,当然这个过程中偶尔也会有波折和反复。

努力避免产生关于自己以及对孩子教育方法的负面想法,你会快乐得多。下面是一些替代负面想法的自我暗示。何不挑一句能够引起你共鸣的话,然后站在镜子前,说给自己听。要大声说出来,带着自豪感。我知道这么做感觉怪怪的，但是你一定会被自己感动的。我们大多数时候站在镜子前是为了整理头发或者看看衣服搭配得怎么样。我建议你站在镜子前，好好地看着自己。说下面这些句子的时候请记住，你这么做是为了一个你爱的人——你自己。下面是一些积极的自我暗示。

- "我喜欢自己冷静、坚定、非掌控地给孩子立规矩的样子，尽管他们并不是一下就能接受。"
- "即使犯了错，我还是能够尽自己所能做一个好妈妈。"
- "我可以留些时间做自己想做的事，而且不必感到内疚。"
- "我是个好爸爸/妈妈。"
- "我也许会犯错，但我依然是个有价值的人。"
- "这是个可以教孩子一些新东西的机会。"
- "我只是需要慢慢来，做力所能及的事情。"
- "冷静、坚定、非掌控的态度能帮助我集中注意力，情绪没那么激动。"
- "我今天摔倒了，冲孩子嚷了，但不代表我会一直这样。"
- "我会明智地与孩子周旋，获得他们的支持。"
- "我不是无助的人，如果需要的话，我有可以利用的人和资源。"
- "站在更高的角度看，这些都不是事。"

给自己其他形式的奖励

不要忘了时不时地给自己一些物质奖励。毕竟，做家长是很有挑战性的。不妨这样思考：通过让自己过得更好，你也给了孩子更好的你自己。以下是一些你可能会喜欢的奖励形式。

- 去美甲沙龙做指甲
- 舒舒服服地泡个澡
- 买本新书或者杂志
- 出去吃饭
- 不带孩子出去住一晚或者度周末
- 锻炼
- 和你的灵性保持连接
- 参加一个新的成人教育课程
- 买件新外套
- 读一本你感兴趣的新书
- 学习园艺
- 和朋友们做有趣的事
- 让婚姻保持新鲜
- 尝试攀岩
- 打桌球
- 打保龄球
- 玩牌
- 骑车
- 偶尔绕着小区散散步或者去爬山

- 参加瑜伽班
- 参观历史古迹或者博物馆
- 听你感兴趣的讲座

总结

今天你学到了表扬以及其他形式的奖励对于巩固孩子正确行为起到的作用。请记住以下几点。

- 如果方式得当，表扬能极大提高孩子的积极性。
- 一旦孩子的积极性得到提高，他们的叛逆行为就会减少。
- 将表扬和奖励相结合来鼓励孩子的正确行为。
- 鼓励孩子做出的努力，无拘无束地表达对孩子的喜欢和爱非常重要。
- 认可自己在养育孩子的过程中付出的所有努力，这对你和孩子来说都至关重要。

第 10 章
将喜欢进行下去
Liking the Child You Love

第 10 章 将喜欢进行下去

祝贺你完成了这门课程！现在你已经学会了如何克服自己的负面想法，不再受到躁郁父母综合征的困扰，清除负面想法能让你的亲子关系得到巨大的改善。我知道，这需要你付出努力，但是作为父母，我们理应为自己的想法、行为和情绪负责。用著名作家、精神病学家和集中营幸存者维克多·弗兰克尔（Viktor Frankl）的话说："人类最后的自由是特定环境下选择态度的能力。"

你现在应该越来越喜欢自己的孩子了，我希望你对自己的进步感到欣喜。回忆你在亲子关系上取得的巨大进步时，我们一起来看看你取得了哪些重要成就。你已经做到了以下这些。

- 发现了九大负面思维模式以及它们如何引起躁郁父母综合征。
- 学会了重要的放松和自我安慰的技巧，它们为你能够清除负面想法提供了预备条件。
- 学会了在负面想法出现时如何觉察它们的存在。
- 发现了如何找到可以消除负面想法的替代想法。
- 了解了合作式合理后果（惩罚）的力量。
- 能够自如地使用奖励来鼓励孩子和自己的正确行为。

在我写作本书的最后一章期间，我去了一家商场，当时我听到 15 岁的男孩乔希大声地叫我："嘿，杰夫博士！"我曾经长期为他们一家人做过咨询。我朝乔希和他妈妈走过去，乔希搂着他妈妈对我说："您从来没想到过我会和我妈在外面这么亲近吧？"我笑了，说道："有一段时间你父母都不敢带你出去！"我们同时开怀大笑，回忆了乔希的父母做了怎样的改变，并且成了乔希的榜样。

作为一个父亲，其实这些策略也改变了我的生活。当我学着改变自己看待问题的角度和与孩子相处时的行为，我与孩子的关系也变好了。我绝不是一个完美的家长，仍然有功课要做，但是我很感激自己生命里出现了这些改变。

我们都需要继续努力成为更好的父母。在第5章中我曾经提到保持觉知力就像沐浴，重要的是一直持续这个过程不中断。你在本书中学到的其他策略也适用这个原则。我敢保证，如果你真心理解并使用了这些技巧，你与孩子之间的关系会比你想象的要好得多。

拥抱不断发生的改变

让自己不再受到负面想法的困扰，需要强大的自律和持续的努力。令我们感到庆幸的是，随着你不断清除自己的负面想法，你会发现要做到这一点越来越容易。当然，也许有时你还是会遇到一些自己控制不了的局面。而且，我还要警告你，在你努力清除自己负面想法的同时，孩子可能会用更加过分的行为来挑战你的容忍度。为什么？因为孩子已经习惯了你的负面想法、情绪和行为。如果你的情绪变得越来越稳定，孩子会注意到这一点。也许他会无法接受你不再或者不怎么被负面思维模式影响这个事实。自然而然地,他会想要"测试"你是不是真的在情绪上变得更加理智了。所以一定要保持积极的心态,同时对孩子抱有合理的期望。如果孩子的行为令你感到愤怒,不要轻易放弃。如果你坚持不懈地练习在书中学到的技巧,你和孩子都会朝着正确的方向前进。

珍惜遇到的挫折

请记住,没有人是完美的。要知道,挫折是不可避免的,而且眼下它们看起来似乎不容易克服。如果将来你的头脑中又出现了负面想法,不要对自己失望。用洛奇·巴尔博亚⊖的话来说就是:"重要的不是你的拳头打出去多有力,而是你能承受多重的打击,并在之后继续大步向前。"作为父母,我们要有承受打击的能力。直到今天,我还在努力清除自己的负面想法。一旦发现自己又产生了负面想法,我会默默表扬一下自己觉察到了它的出现,并努力将它赶走。我希望你们也能这样做。

父母不会故意让自己产生对孩子的负面想法。负面想法来源于我们在生活中承受的种种压力,而且它们产生的速度很快,以至于你很难察觉。看到孩子打翻了果汁,或者装满各种蔬菜的塑料袋突然崩裂,所有东西滚了一地,又或者狗狗又在地毯上大小便了,这个时候要克服自己的负面想法真的很难。请记住,这些危机也可以被视作让自己练习保持冷静的最好

⊖ 《洛奇》系列电影中的主人公。——译者注

机会，而不是做一个气得跳脚的傻瓜。

让我向你回忆一个曾经让我充满了负面想法的事故，那是很多年前，我带孩子们去野营的时候，当时我雄心勃勃地想给孩子留下在荒野中勇敢探险的美好回忆。所以，在开车去野营的路上，我理所当然地故意忽略了路上下的"几滴小雨"。不幸的是，我们刚把帐篷支起来，小雨就变成了倾盆大雨。这没什么可担心的，对不对？反正我们可以待在帐篷里。

但是我的冷静并没有持续多久。因为这时我的小儿子发现帐篷里有一只可怕的蜘蛛，在三个孩子的尖叫声中，我最大的女儿想要逃出帐篷，却被拉链缠住了头发。最小的那个孩子还穿着纸尿裤呢，这个时候也不合时宜地尿裤子了。这些"事故"都在一分钟之内发生，而身处荒郊野外的我，头脑中立刻爆发出无数的负面想法。我知道，在旁边帐篷里的人看来，我们的帐篷简直像灾难现场，我女儿的头发被帐篷拉链卡住了，其余的人则拼命想拉开拉链逃离帐篷。直到今天，我们一提起这件事都会忍不住哈哈大笑，但当时我们可是吓得鸡飞狗跳的。

最令我感到满意的是，当时我设法以冷静的态度处理好了一切，没有大发脾气。要马上清除自己的负面想法不是那么容易，能够在当时保持冷静也并不意味着以后我不论在什么样的情况下都能够保持冷静。但这件事至少让我对自己有了更大的信心，让我更努力地成为一个有耐心的父亲。

然而另外一次，我却没有这么有风度。一次一个孩子不小心把一个球扔进了桌上一只装满红色油漆的碟子里。我没有目睹这一切，但是等我回家的时候，我的小儿子勇敢地走向我，描述了发生的一切。当我看到一面刚粉刷得干干净净的白墙上满是红色漆点时，简直气得要喷火。我的孩子永远也忘不了他们的爸爸在十分钟的时间内骂了多少脏话。当然，我这么生气是有理由的。因为我为了卖这套房子，刚刚和感兴趣的买家约好了来家里参观，而且半个小时后买家就要到了。那时我出现了严重的躁郁父母综合征症状。是的，在那个当下，我脑子里的负面想法可不少。

后来我意识到，我歇斯底里的样子不可能让我成为孩子们的学习榜样，而我一向都想让孩子们以我为榜样。好在经过这件事我又成长了一些，我继续学习控制自己的负面想法和脾气。我也希望你们能从自己遇到的挫折中获得成长，然后将它们抛诸脑后，继续向前进。

成为孩子们的队友

在美国，不管是在商界还是竞技体育中，团队精神都受到高度重视。有团队精神的人是指那些能够以集体利益为先，以个人的需要和自我为后的人。相反，那些总是抱怨和贬低队友的人则缺乏团队精神，只会给团队造成伤害。

你和孩子就属于一个团队。不让这个团队因为自己的负面想法分裂，能很好地巩固你与孩子之间的情感纽带。家庭作业、兄弟姐妹间的争吵、学业上的问题、同伴间的竞争以及家务事都能够让家长与孩子之间出现对立，除非你与孩子在精神上能紧密地团结在一起。

孩子很想得到你的赞许。除了满足孩子物质上的需要，他也需要你的认可和接纳。即使当他表现得好像满不在乎，但他也喜欢你和他站在一条战线上，并且是他的超级粉丝。

现在你已经对负面想法有了全面的了解，你知道如果忽略它们的存在，只会催生出更多的负面想法。成为孩子的队友，就意味着你愿意接受你与孩子之间的分歧和不同。你越愿意去努力理解孩子的立场，他就越会觉得你和他是一边的。所以最好的办法就是试着努力理解，而不是一味跟孩子对着干。

负起责任

在本书中的不同章节，我都曾强调把自己的想法和感受写下来这个习惯的重要性。我辅导过的一个家长觉得这样会让他变成一个"可怜的人"。他告诉我："杰夫博士，我真不愿意把孩子让我生气的地方写下来，这不是让我不停地想着这些事吗？"直到有一天他在盛怒之下把墙捶出一个洞，他这才愿意更积极地面对自己的负面想法和躁郁父母综合征。我的这位客户需要一种方法对自己的情绪更加负责。你越是愿意对自己的想法和情绪负责，处理与孩子的关系问题就会变得越容易、有效。把想法和情绪写下来其实让你更有行动力，而不是只会空想。有趣的是，这位客户曾经几次想减肥都没有成功，结果后来他把自己每天摄取的卡路里写下来后，他成功减肥了！他终于意识到，把自己的负面想法记录下来和每天记录自己吃了哪些不健康的食物一样都是有意义的。

在本书的附录 B 中，我加入了一个表格，你可以把它复印下来或者自己制作一个类似的表格。在表格中，你可以看到有一栏记录的是事件起因，一栏是你因此而产生的负面想法，以及用来反驳自己负面想法的替代想法。

不管你使用的是我提供的表格或者其他你自己选择的表格，将自己的负面想法和更理性的替代想法记录下来都会让你取得进步。我建议你将自己和孩子身上发生的积极变化也记录下来。这个记录不用很正式或者很复杂，只要能记录你的想法和情绪，以及你取得的成功和突破就会对你有帮助。

记住，给你自己和孩子时间来习惯你的改变。将这些改变坚持下去才是关键。你必须记住，这是一个长期工程，要持续不懈地练习书中学到的各种策略和技巧。

友善地传播福音

我知道，现在你们非常幸福，因为学会了如何控制自己的想法和情绪。然而，并不是每个人都愿意像你们一样努力改变自己。你们接触的有些家长也许只愿意关注孩子的错误行为，也许拒绝接受他们自己的负面想法在孩子出现的问题和与孩子的关系中起到了重要作用。

我当然不会建议你奔向那些你所有见过的被孩子折磨着的家长，然后试图向他们传播你从本书中学到的理念。如果你告诉他们，是他们，而不是他们的孩子，应该对自己的想法和情绪负责，他们也许不太会热情地接受你的观点。所以你能记住的就是，你和我，以及数千计其他读者，都知道事实确实如此。

当然，这个世界上总有人热心地向别人提供建议却没有被接受。然而，我希望你能向那些能够接受你的人传播我们的理念。你越能够帮助这些家长看见，是他们自己的负面想法引起了他们的躁郁父母综合征，他们就越能够努力巩固自己所学的清除负面想法的知识和技巧。

如果你感兴趣，也欢迎你访问我的网站 www.DrJeffonline.com，并且注册获取我每季度以电子邮件的形式发送的免费学习资料。我会持续让你们知道，我帮助那些像你们一样的家长清除负面想法的工作的最新情况。

保持轻松愉快的心态

请一定要提醒你自己，要尽情享受与孩子待在一起的时光。尽管事实很残酷，但生命中常会有意想不到的事情发生，我们的生命也许比预想的要短得多。

我曾经说过，生命中也有很多意想不到的快乐。在第4章我就谈到了让自己逃离一成不变的生活去度个假。不要忘了，其实在每天的日常生活中，我们一样可以找到快乐。让你和孩子度过的每一天都值得回忆，每个有趣的小细节到最后都会变成最珍贵的记忆。一起去看一场爆笑电影，带孩子出去散步可以很有趣、很轻松。

你越保持快乐的心态，就越能提醒自己在自己和家人身上找到快乐。不仅如此，能让你的生活中时时刻刻充满快乐，也为其他家长和孩子提供了值得学习的榜样。

最后的寄语

对绝大多数父母来说，爱自己的孩子很容易。但是要在孩子闯祸、不

第 10 章 将喜欢进行下去

听话或者叛逆的时候还喜欢他们就不那么容易了。记住，孩子最不可爱的时候就是你最应该喜欢他的时候。将自己的心灵打开，寻找理解孩子的新方式绝对需要很多勇气，尤其是当你还生着他的气的时候。我要为你有勇气阅读本书并理解自己的想法点赞！

请记住，你应该努力追求的不是完美，而是进步。孩子能给你带来无尽麻烦，也能给你带来无穷快乐。你已经学会了很多很棒的新理念和方法，我希望你能快乐地使用这些方法和理念。

下次当你看着孩子告诉他你有多么爱他的时候，我希望你也能告诉他你有多么喜欢他。喜欢你爱着的孩子，能够帮助你打开理解和关心孩子的大门，而你也会因此更加喜欢自己。

附录

九大负面思维模式

Liking the Child You Love

逐渐形成的负面想法

1. **"总是或者从不"模式**。家长习惯以完全积极或者完全消极的模式看待自己的孩子。

2. **贴标签**。家长会给孩子贴上负面标签,这样就挫伤了孩子的自尊心,使孩子无法做出积极的改变。

3. **尖刻的讽刺**。当家长故意以夸张的语气说出他们的看法,或者说话的语气和他们所说的内容完全相反时,就是在使用负面的讽刺。

4. **隐隐的怀疑**。喜欢暗地里怀疑孩子的家长很难信任自己的孩子。讽刺的是,孩子越觉得不被信任,就越会变得难以信任。

5. **危险的否认**。危险的否认是一种独特的负面想法。它反映了家长在痛苦挣扎,实在不愿意承认孩子出了问题。

突然爆发的负面想法

6. **情绪过激**。当一个家长暗示自己孩子的行为无法受到"控制"时，就会出现情绪过激的表现。

7. **严厉指责**。当家长把矛头指向孩子并且一味指责孩子时，就陷入了这种负面思维模式中。

8. **"应该"思维模式**。总是用"你应该"模式来与孩子对话的家长会发现自己的孩子感到被疏远、孤立、误解，充满怨恨。

9. **悲观预言**。家长过分夸大孩子未来可能出现的负面行为和遭遇的不幸，也是一种负面思维模式。

附录 B

负面想法记录表

Liking the Child You Love

Liking the Child You Love
积极养育

在下面的负面想法记录表上,你可以将自己的想法记录下来。第一行是指导你如何记录的例子。记住,要找到证据支持你的替代想法。

触发事件	负面想法类型	替代想法
"我女儿又顶嘴了。"	"总是或者从不"模式:"她从不尊重我。"	"她很烦躁,似乎是在拿我撒气。她又不是每周7天,每天24小时都这样。我会提醒她,我不喜欢她的语气,并且找到是什么问题在困扰她。"

注:

当我提醒自己她正处于烦恼之中时,我真的觉得没那么生气了。

_____
_____
_____
_____
_____
_____
_____

致 谢

感谢这 20 年来我所有的客户。我很荣幸，一路走来有这么多的家长和孩子愿意与我分享他们的痛苦、失落、挣扎和胜利。你们教会了我如何成为一名心理学家，以及我还有多少需要不断学习的知识。

爸爸、妈妈，谢谢你们，你们是最棒的父母。你们让我知道，你们一直很爱我，即使有那么几次也许你们并不喜欢我。你们是最有技巧的父母，能让我觉得自己几乎没有不被喜欢的时候！

我的表姐朱迪斯，谢谢你对我的关心、你的智慧和慷慨，你总是热情支持我出版的每一本书。

莉莉安、本、亚当、阿瑟、瑞秋、布莱恩、利亚、珊德拉、哈利、朱迪、吉姆和约翰：你们是我最可贵的家人，我很感激你们一直在那里陪伴着我。

艾颖，你的爱心和百折不挠的精神深深地感动了我和你周围的人。你在克服困难的过程中时时刻刻表现出了知性、力量和优雅。我深深敬佩你给予你那两个优秀的孩子的一切。

拉尔夫，你是我一生的挚友，虽然我们是亲兄弟，却没有比我俩更好的朋友。

托尼和莉莲，谢谢你们的友谊、关心和幽默。

我最好的朋友之一是一个叫爱德·华盛顿的男人。20多年前，14岁的爱德是一个非常有天赋的运动员，一天他被三个其他高中的橄榄球运动员殴打，导致四肢瘫痪。尽管身体瘫痪，但爱德坦然接受了自己的命运，他坚强的乐观主义和百折不挠的精神真正改变了我的生活。爱德激励了我和很多人，让我们对自己的生活充满感激。爱德，你是如此的坚定、乐观、神奇和从容。我爱你美好的心灵和坚强的自尊。能成为你的朋友，是我最大的幸运。

特蕾西，谢谢你无私的友谊和对我全心全意的支持。

我深深感激那些在认知心理学领域开疆拓土的先驱们，他们是阿伦·贝克博士、戴维·伯恩斯博士、阿尔伯特·埃利斯博士和马丁·塞利格曼博士。他们的洞见和成就赋予了我写作本书的灵感。

詹姆斯·克拉斯蒂斯博士，感谢你审阅了第3章，也谢谢你在每次午餐时与我充满智慧地谈话。

朱迪·弗瑞德，谢谢你在我将负面想法的构思孵化成完整体系的过程给予我的帮助。

感谢宾州心理协会的萨缪尔·克纳普这么多年来给予我的所有深刻、睿智的建议。

我也非常感激本书的编辑凯蒂·麦克修给予我的支持以及Perseus Books出版公司所有员工给予我的关怀。

丹尼斯·奥哈拉博士，没有你的支持、指引和智慧，本书无法成型。一句"谢谢"根本不足以表达我对你的深深感激。